Schnelle Wochenübersicht

AF288936

Nutze den Platz zum Beispiel
für die Menüplanung oder
für tägliche Putzaufgaben.

Einkaufszettel!
wichtige To-dos

Du brauchst noch Platz für
aktuelle und wichtige Aufgaben
oder eine herausnehmbare
Einkaufsliste? Dann parke
hier einen großen Klebezettel-
block dafür!

— Platz für —
dein Lieblingsfoto

Grüner Faden

Dieser Planer gehört:

_____

_____

Telefon:

_____

Im Notfall kontaktieren:

_____

_____

Platz für dich

Wann habe ich endlich Zeit für mich? Und wie gelingt es mir, ein bisschen achtsamer und grüner zu leben? – Wenn du dir auch manchmal diese Fragen stellst, dann ist es an der Zeit für etwas Neues! Wir vom Ideenportal *smarticular.net* haben den Ratgeber und nachhaltigen Lebensplaner *Grüner Faden* entwickelt, damit trotz zahlreicher Verpflichtungen und Termine immer genügend Zeit für die Dinge bleibt, die dir wirklich wichtig sind. Anders als das Smartphone, das ständig mit Erinnerungen, Benachrichtigungen und Statusupdates Aufmerksamkeit fordert, bringt der Ratgeber mit integriertem Planer alle wichtigen Dinge zusammen – in deinem Tempo, an einem Ort, mit Stift und Papier. Mit zahlreichen Rezepten, Tipps und Anregungen macht er dich unabhängiger, umweltfreundlicher, minimalistischer, aktiver und freier. Er hilft dir, achtsamer mit dir selbst umzugehen, dich zu erinnern und deine Gedanken, Ideen und schönen Erlebnisse dauerhaft festzuhalten, anstatt sie als Fotos irgendwo in der Cloud, der Messenger-App oder als Einträge in sozialen Netzwerken verschwinden zu lassen.

Der *Grüne Faden* ist viel mehr als nur ein Jahresplaner: ein Buch voller grüner Ideen und Möglichkeiten und mit jeder Menge Platz für dich! Mit einem durchdachten Ordnungssystem, zahlreichen Verwendungsmöglichkeiten und über 200 nachhaltigen Rezepten und Tipps passt sich der ganzheitliche Lebensplaner individuell an deine Bedürfnisse an. Rezeptbuch, „Denkarium", Einkaufsplaner, Haushaltsbuch, Aufgabenplaner, Familienplaner, Tagebuch ... Das alles und noch viel mehr ermöglicht der *Grüne Faden*. Undogmatisch, ohne Verpflichtungen und ohne erhobenen Zeigefinger – du bestimmst, was wichtig ist. So wird das Buch zum grünen Lebensbegleiter, der nach einem Jahr so kunterbunt, interessant und außergewöhnlich ist wie du und in dem man gern und dankbar zurückblättert.

Wie funktioniert der Grüne Faden?

Kein Mensch ist wie der andere, deshalb gibt es auch nicht den einen perfekten Planer. Der *Grüne Faden* bietet im integrierten Planer-Teil eine einfache, aber effektive Grundstruktur, ohne zu viel vorzugeben, und kann ganz nach individuellen Bedürfnissen flexibel ergänzt, gestaltet und angepasst werden – so kreativ wie ein Bullet Journal, aber nicht so aufwendig. Verwende den *Grünen Faden* als ständigen Begleiter voller inspirierender Ideen, trotzdem mit viel Freiraum – zahlreiche mögliche Nutzungskonzepte und die dafür benötigten Layouts stellen wir auf der Website zum Buch *gruenerfaden.net* vor.

Schont Ressourcen: Datum selbst eintragen

Kalender verursachen eine erhebliche Menge Müll, weil sie immer nur für ein Jahr gelten und nicht verkaufte Restbestände entsorgt werden müssen. Darum ist der *Grüne Faden* undatiert: Ein Einstieg ist jederzeit möglich – wähle einfach die richtige Woche und trage das Datum selbst ein. Egal ob von Januar bis Dezember oder von Juli bis Juni – der *Grüne Faden* wird dich immer ein Jahr lang oder auch lange darüber hinaus begleiten.

So funktioniert der Monatsteil

Im ersten Teil des Buches gibt es pro Monat eine Doppelseite. Verwende das braune Lesebändchen, um den aktuellen Monat schnell wiederzufinden. Hier kannst du ergänzend oder alternativ zum Wochenteil alles eintragen, was im jeweiligen Monat wichtig ist. Verwende zum Beispiel den Zeitfresser-Aufspürer auf Seite 31, um herauszufinden, wo deine ganze kostbare Zeit verloren geht.

Auf der rechten Seite eines jeden Monats werden die sieben Randsymbole wiederholt (1). Sie stehen horizontal am oberen Rand der Seite, damit du sie bei Bedarf in eine Tabelle verwandeln und so für jeden Tag deine Ziele, Gewohnheiten (Aktivitätentracker, siehe S. 15) oder deine Stimmung eintragen oder farbig markieren kannst. Oder ergänze eigene Spalten ganz nach Bedarf – Tagestabellen für ein Ausgabenverzeichnis, Ernährungstagebuch, Putzplan, Zero-Waste-Logbuch, Geburtstage … Du bestimmst, was für dich wichtig ist. Auch für diese Seiten sammeln wir auf *gruenerfaden.net* zahlreiche Layouts und Nutzungsmöglichkeiten für dich zur Inspiration und haben auch schon einige eingedruckt, etwa einen Schlaftracker (S. 17), Platz für deine Monatsziele (S. 19), eine Zufriedenheitsampel (S. 107) und einen Stimmungstracker (S. 33).

Mit saisonalen Ideen durchs Jahr: Der Wochenteil

Im Wochenteil haben wir zahlreiche Tipps, Rezepte und Ideen gesammelt, die allein ein Buch füllen könnten, passend zur jeweiligen Zeit im Jahr. Für jede Woche gibt es zwei Doppelseiten. Benutze das grüne Lesebändchen, um die aktuelle Woche schnell wiederzufinden. Dort bietet jeder Wochentag Platz für Ereignisse, Aufgaben und Notizen – jedoch nicht zu viel, denn sich auf wenige wichtige Aufgaben zu fokussieren, steigert die Produktivität und vermeidet unnötigen Stress. Bei Bedarf gibt es immer noch reichlich Platz auf der zweiten Doppelseite der Woche. Die linke Hälfte eines jeden Tages ist liniert, die rechte nur gepunktet – das ermöglicht es dir, je nach Bedarf Tabellen, Listen oder Zeichnungen selbst einzufügen. Dieses flexible Konzept findet sich immer wieder im Buch, viele Layout-Vorschläge gibt es auf *gruenerfaden.net*.

Zusätzlich besitzt jeder Tag sieben Randsymbole (1), deren Bedeutung auf Seite 7 genauer erklärt wird. Ein Wochenziel (2) hilft dir, die wirklich wichtigen Dinge nicht aus den Augen zu verlieren. Untergliedert in Wochenaufgaben (3), wird das Ziel schon viel greifbarer und einfacher zu erreichen. Falls du das Gefühl kennst, dass dir wichtige Dinge entfallen – schreib sie am besten sofort in das dafür vorgesehene Feld (4)!

Auf der zweiten Doppelseite kannst du den freien Platz, liniert und gepunktet, nach Lust und Laune füllen oder nach einem der auf *gruenerfaden.net* vorgeschlagenen Layouts strukturieren und an deine Bedürfnisse anpassen. Einige Anwendungsbeispiele haben wir bereits eingedruckt, etwa einen Glücksscanner (S. 43), einen Essensplaner (S. 47), eine Zero-Waste-Checkliste (S. 55), einen Wochen-Trinkplan (S. 63) und eine Ausgabenverwaltung (S. 95).

Noch viel mehr Nützliches für dich

Wir haben viele weitere Seiten und Zusatzfeatures eingebaut, die in einem nachhaltigen Lebensplaner nicht fehlen dürfen:

- **Inhaltsverzeichnis**, das du um selbst gestaltete Seiten, Listen und Pläne ergänzen kannst (S. 3)
- **Jahresübersicht** – kann für das aktuelle Jahr heruntergeladen und eingeklebt werden (S. 8)
- **Einklebeseiten**, die mit einem Haushaltsbuch und einem Putzplan vorbelegt sind und die du mit herunterladbarem Feiertags-/Ferienplan, Stundenplan, Projektplan, Mondkalender, Zykluskalender und vielen anderen Übersichten individuell gestalten kannst (ab S. 10)
- **Saisonkalender** für Anbau, Ernte und Einkauf regionaler und saisonaler Lebensmittel (S. 252)
- **Wildpflanzenkalender** (S. 253)
- **Persönliche Listen** für Geschenkideen, Bücher, die du lesen möchtest, Orte, die du besuchen möchtest, und Belohnungen für dich selbst (S. 254)
- **Tasche** am Ende des Buches – darin gehen lose Zettel, Belege und Visitenkarten nicht verloren
- **Anregungen und Ideen zur Verwendung des Buches** – überall im Buch verteilt
- **Liebevoll gestaltete Illustrationen** und der „grüne Faden", der dich durchs ganze Buch begleitet

Papier und Stifte

Ein weiteres Detail ist uns besonders wichtig: das Papier! Wie alle *smarticular*-Bücher besteht der *Grüne Faden* aus umweltfreundlichem Recyclingpapier. Natürlich soll sich darauf trotzdem gut schreiben und zeichnen lassen. Weil das Papier dicker als üblich ist, ist es für fast alle Stifte geeignet, auch für Füllfederhalter und Filzstifte. Für besonders schönes und umweltfreundliches Schreiben empfehlen wir folgende Stifte:

- Zum Schreiben einen nachfüllbaren **Füllfederhalter ohne Patrone** (Tintenkonverter) oder einen biologisch abbaubaren **Kuli oder Fineliner** – die Stifttasche ist für Kugelschreiber optimiert
- Alternativ einen **Bleistift** mit Radiergummi
- Zum Ausmalen der Randsymbole und zur persönlichen Gestaltung des gesamten Buchs eine **Auswahl an Buntstiften**
- Alternativ **Textmarker**, die es auch in einer umweltfreundlichen Version gibt – nachfüllbar, lösemittelfrei und abbaubar

Die Bullet-Journal-Methode

Angelehnt an das sogenannte *Bullet Journaling*, bei dem ein leeres Notizbuch in einen persönlichen Kalender verwandelt wird, empfehlen wir folgende Symbole, um Termine, Aufgaben, Notizen usw. im Wochenteil des *Grünen Fadens* festzuhalten. Die einfachen, übersichtlichen Symbole vor jedem Eintrag ermöglichen dir, einen Überblick zu behalten und nichts aus den Augen zu verlieren. Ob du mit diesen oder anderen Symbolen arbeitest, Kästchen zum Abhaken hinter jede Aufgabe malst oder Erledigtes einfach durchstreichst, ist egal. Wende das an, was für dich am besten funktioniert.

Legende für die Jagesaufgaben

- • Jo-do
- › verschoben
- ✕ erledigt
- • gestrichen
- — Notiz
- ! wichtig
- ○ Jermin

Die Achtsamkeitssymbole

Achtsamer mit der verfügbaren Zeit und sich selbst umgehen, Gewohnheiten dokumentieren, Höhepunkte und Glücksmomente festhalten und wiederfinden – das und mehr ermöglichen die Randsymbole, die neben jedem Tag im Wochen- sowie im Monatsteil eingedruckt sind. Verwende sie entweder, um vorauszuplanen, was du gern tun möchtest – zum Beispiel Obst- oder Fitnesstage einlegen – oder um festzuhalten, was vergangene Tage einzigartig gemacht hat. Mit Textmarkern oder Buntstiften eingefärbt bis zum Seitenrand, sieht dein Buch schon bald kunterbunt aus, genauso vielfältig wie dein Leben. Im Monatsteil werden die Symbole zum Habit Tracker (siehe S. 15). Wir schlagen folgende Bedeutungen vor:

- **Blatt** (Natur, Wald, Garten, ins Grüne) – eignet sich für alle, die vorhaben, mehr in der Natur zu sein

- **Apfel** (bewusste Ernährung) – plane zum Beispiel Saft- oder Rohkosttage, oder halte fest, wann du dich deiner Idealvorstellung entsprechend ernährt hast

- **Fahrrad** (Aktivtag, Bewegung, Sport) – wenn du dich mehr bewegen oder disziplinierter trainieren willst, wird dir das Fahrradsymbol helfen

- **Buch** (Lesen, Lernen, Arbeit) – reserviere Zeit für Lesetage oder Lerntage, oder halte fest, wann du dafür so viel Zeit gefunden hast, wie du dir wünschst

- **Stern** (besondere Erlebnisse und Highlights) – wir alle brauchen Highlights im Leben, besondere Vorhaben und Erlebnisse, auf die wir uns schon Wochen im Voraus freuen – mach sie für dich sichtbar!

- **Herz** (Freunde, Familie, Glück) – für Tage mit ganz besonderen Menschen oder Tage, die dich besonders dankbar und glücklich machen (du wirst staunen, wie viele es werden!)

Und was bedeutet der Kreis? Gib ihm die Bedeutung, die du brauchst! Damit lassen sich wunderbar die Mondphasen einzeichnen. Eine Münze könnte für Kauf-nix-Tage stehen oder für Tage, an denen du es geschafft hast, dein Tagesbudget einzuhalten. Male den Kreis an den Tagen blau aus, an denen du reichlich Wasser getrunken hast, und mach ihn so zu deinem Wasserplaner. Sicher fallen dir noch mehr Möglichkeiten ein!

Wie verwendest du den *Grünen Faden*?

Auf der Website *gruenerfaden.net* gibt es regelmäßig Updates und Neuigkeiten zum *Grünen Faden*. Abonniere einfach den Newsletter, um nichts zu verpassen. Wir würden uns außerdem freuen, wenn du dort deine Erfahrungen und Ergänzungen teilen würdest!

Viel Freude und ein großartiges Jahr mit dem Grünen Faden wünscht dir
das Team von smarticular.net.

Jahreskalender

Januar

Februar

März

April

Mai

Juni

Das aktuelle Jahr kannst du downloaden unter gruenerfaden.net/downloads, ausdrucken und einkleben.

Juli

August

September

Oktober

November

Dezember

Das aktuelle Jahr kannst du downloaden unter gruenerfaden.net/downloads, ausdrucken und einkleben.

9

Haushaltsbuch Jahresübersicht

Fixbuchungen (+/-)	Jan	Feb	Mrz	Apr	Mai
Sparbetrag					
Übertrag Vormonat					
Summe Fixbuchungen					

Variable Kosten (Monatssumme der Kategorien)

	Jan	Feb	Mrz	Apr	Mai
1:					
2:					
3:					
4:					
5:					
Summe var. Kosten					
Bilanz					

Jun	Jul	Aug	Sep	Okt	Nov	Dez

Putzplan Jahresübersicht

Putzaufgabe	Häufigkeit	Jan	Feb	Mrz	Apr	Mai	Jun	Jul	Aug	Sep	Okt	Nov	Dez
Fenster putzen													
Gardinen waschen													
Bettwäsche waschen													
Bettzeug reinigen													
Polster reinigen													
Kühlschrank reinigen													
Backofen reinigen													
Spülmaschine reinigen													

Du hättest hier lieber einen Ferien-, Feiertags-, Mond- oder Zykluskalender? Diese und viele weitere Vorlagen zum Ausdrucken und Einkleben haben wir auf gruenerfaden.net für dich zusammengestellt.

Monatsteil

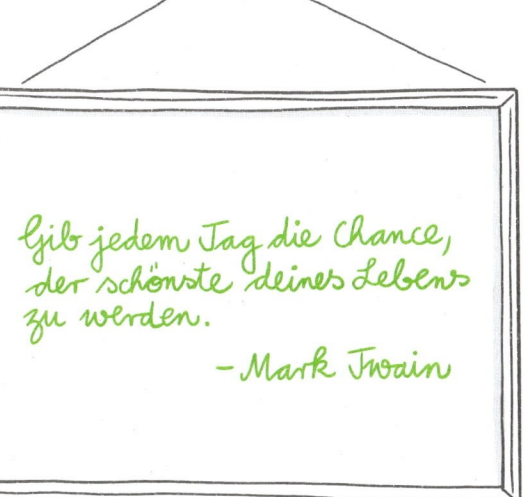

Gib jedem Tag die Chance,
der schönste deines Lebens
zu werden.

— Mark Twain

Januar

1	**Neujahr**
2	
3	
4	
5	
6	**Heilige drei Könige**
7	
8	
9	
10	**Tag der Zimmerpflanze**
11	
12	
13	
14	
15	
16	
17	
18	
19	
20	
21	
22	
23	
24	
25	
26	**Saatgut-Tauschtag**
27	
28	
29	
30	
31	

Welche kleinen Gewohnheiten kann
dir an, nachdem du
durchgehalten!
zeichne ein!

Welche Gewohn-
heiten setzt du
dir zum Ziel?

Legende

Februar

1

2

3

4

5

6

7

8

9

10

11

12

13

14 **Verschenk-ein-Buch-Tag, Valentinstag**

15

16

17

18

19

20

21

22

23

24

25

26

27

28

29

März

1		
2		
3		
4		
5		
6		
7	**Tag der gesunden Ernährung**	
8		
9		
10		
11		
12		
13		
14		
15		
16		
17		
18		
19		
20		
21	**Internationaler Tag des Waldes**	
22	**Weltwassertag**	
23		
24		
25		
26		
27		
28		
29		
30		
31		

Meine Monatsziele

___ neue Rezepte
ausprobieren

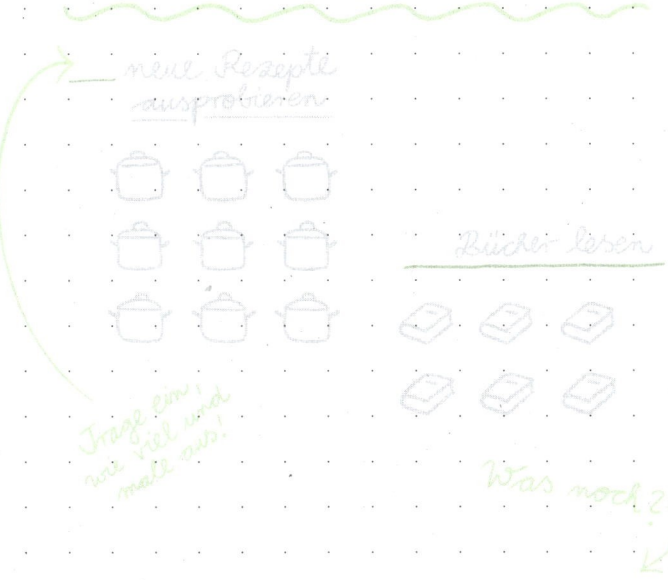

Bücher lesen

Trage ein,
wie viel und
mal aus!

Was noch?

April

1
2
3
4
5
6
7
8
9
10 **Ehrentag der Pflanze**
11
12
13
14
15
16
17
18
19
20
21
22 **Tag der Erde**
23 **Welttag des Buches**
24
25 **Tag des Baumes**
26
27
28
29
30

Mai

1
2
3
4
5
6
7
8
9   **Welttag der verlorenen Socke**
10
11
12
13
14
15
16
17
18
19
20 **Weltbienentag**
21
22
23
24
25
26
27
28 **Weltspieltag**
29 **Lerne-wie-Kompostieren-geht-Tag**
30
31 **Weltnichtrauchertag**

Juni

1	Internationaler Kindertag
2	
3	Weltfahrradtag
4	
5	Tag der Umwelt
6	
7	
8	Tag des Meeres
9	
10	
11	
12	
13	
14	
15	
16	Tag des frischen Gemüses
17	
18	
19	
20	
21	
22	
23	
24	
25	
26	
27	
28	
29	
30	

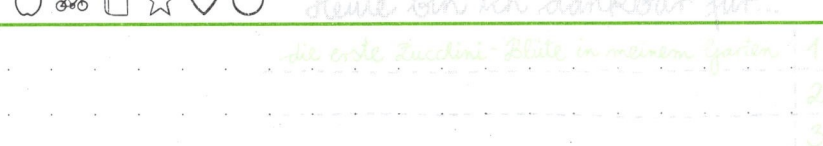

Heute bin ich dankbar für...

die erste Zucchini-Blüte in meinem Garten. 1

2

3

4

5

Probiere dich
doch mal an einem
Dankbarkeits-Tagebuch!
Jeden Tag eine Zeile.

25

Juli

1	**Tag der Früchte**
2	
3	**Plastiktütenfreier Tag**
4	
5	
6	
7	**Tag der Schokolade**
8	
9	
10	
11	
12	
13	
14	
15	
16	
17	
18	
19	
20	
21	
22	
23	
24	
25	
26	
27	
28	
29	
30	
31	

August

1
2
3
4
5
6
7
8
9
10
11
12
13
14
15
16
17
18
19
20
21
22
23
24
25
26
27
28
29
30
31

September

1

2

3

4

5

6

7

8

9

10

11

12

13

14

15

16

17

18

19

20   **Weltkindertag**

21

22

23

24

25

26

27

28

29

30

Arbeit

Schlaf

Essen

unterwegs

...

...

...

...

Führe einen Monat lang
ein Ststrichliste. Trale au
und finde heraus, wie du dir
für Erledigtes sparen kannst!

31

Oktober

1	**Weltvegetariertag**
2	
3	
4	
5	
6	
7	
8	
9	
10	
11	
12	
13	
14	
15	
16	
17	
18	
19	
20	
21	
22	
23	
24	
25	
26	
27	
28	
29	
30	
31	

So habe ich mich diesen
Monat gefühlt:

Lege die
Farben fest
und male aus!

glücklich   ausgeglichen   müde

traurig   verärgert   _____

November

1 Weltvegantag	
2	
3	
4	
5	
6	
7	
8	
9	
10	
11	
12 .	
13	
14	
15	
16	
17	
18	
19	
20	
21	
22	
23	
24	
25	
26	
27	
28	
29	
30	

Dezember

1	
2	
3	
4	
5	Weltbodentag
6	
7	
8	
9	
10	
11	
12	
13	
14	
15	
16	
17	
18	
19	
20	
21	
22	
23	
24	Heiligabend
25	Erster Weihnachtstag
26	Zweiter Weihnachtstag
27	
28	
29	
30	
31	Silvester

Wochenteil

Mein Lieblingszitat:

Woche 1   von   bis

Nicht vergessen!	Wochenaufgaben

Mo

🍃
🍎
🚲
📦
☆
♡
○

Di

🍃
🍎
🚲
📦
☆
♡
○

Mi

🍃
🍎
🚲
📦
☆
♡
○

Die Welt verändert sich durch dein Vorbild,
nicht durch deine Meinung. (Paulo Coelho)

Woche 1

Gute Vorsätze führen oft zu Druck und einem schlechten Gewissen. Nimm dir stattdessen in diesem Jahr vor, etwas Gutes für dich zu tun! Ideen kannst du in der Liste auf Seite 255 sammeln. Noch mehr Inspiration gibt es hier:

smarticular.net/gute-vorsaetze

Blitzbrötchen backen in weniger als 30 Minuten: Für 6–8 Brötchen brauchst du 250 g Weizen- oder Dinkelmehl, 1 gestr. TL Backpulver, 5 g frische Hefe, 175 ml Wasser, 2 EL Pflanzenöl, 1 gestr. TL Salz und ein Muffinblech. **Zubereitung:** Hefe im Wasser auflösen. Die trockenen Zutaten mischen und mit Hefewasser und Öl zu einem Teig verkneten. Muffinblech fetten und bemehlen. Mit angefeuchteten Händen sechs bis acht Teigkugeln formen und auf die Mulden verteilen. Bei 200 °C Ober-/Unterhitze für etwa 20 Minuten goldbraun backen.

Pflanzliche Antibiotika statt Medikamente: Ein heilsamer Trank mit Knoblauch, Ingwer und Honig stärkt das Immunsystem. Du brauchst dafür 1–2 Knoblauchzehen, eine mittelgroße Ingwerknolle, 250 g Honig und den Saft einer halben Zitrone. **Zubereitung:** Ingwer reiben, Zitrone auspressen, Knoblauch fein hacken. Zusammen mit 2–3 EL Honig in ein Einmachglas geben und einen Tag stehen lassen, dann mit dem restlichen Honig auffüllen. **Anwendung:** Wenn du dich angeschlagen fühlst, regen 1–3 EL des Trunks deine Selbstheilungskräfte an.

Wenn trotz **Bitte-keine-Werbung-Sticker** immer noch Werbepost im Briefkasten landet, hilft ein schriftlicher Widerspruch an die Absender-Firmen, die lästige Werbeflut zuverlässig einzudämmen. Mit unserer Vorlage lässt sich das ganz einfach umsetzen:

 smarticular.net/werbung-abbestellen

42

Dinge, die
mich
glücklich
machen

Gesundheit

Hobby

Liebe

Erholung

Beziehungen

Nimm dir mehr Zeit für die Dinge,
die dich glücklich machen.
Sammle hier alle Ideen!

43

Woche 2   von   bis

Wochenziel

Wochenaufgaben

Mo

🌿
☕
🚲
📓
☆
♡
○

Di

🌿
☕
🚲
📓
☆
♡
○

Idee: Plane jetzt schon deine Aktivtage für
mehr Bewegung, um dich regelmäßig zu erinnern!

Mi

🌿
☕
🚲
📓
☆
♡
○

Do

Fr

Sa

So

45

Es ist Grünkohlsaison – Zeit für eine köstliche Chips-Alternative! Für eine Portion Grünkohlchips brauchst du 500 g frischen Grünkohl, 2 EL Erdnussbutter, 4 EL Pflanzenöl, Salz und Pfeffer. **Zubereitung:** Grünkohl säubern, dicke Stängel entfernen und die Blätter in mundgerechte Stücke zupfen. Die restlichen Zutaten zu einer Marinade verrühren. Die Grünkohlstücke in die Marinade tauchen, abtropfen lassen, auf ein Backblech legen und bei 140 °C für ca. 20 Minuten backen. Ab und zu nachsehen, damit sie nicht verbrennen! (Siehe auch: Saisonkalender S. 252)

Pfeffer ist gesund und kurbelt die Verdauung an. Gegen Verstopfung hilft ein einfacher Pfeffer-Tee. **Zubereitung**: Einen TL schwarze Pfefferkörner und 2 EL Pfefferminzblätter mit 250 Millilitern kochendem Wasser übergießen und zehn Minuten ziehen lassen. Den Tee abseihen und in kleinen Schlucken trinken. Mehr Tipps mit Pfeffer:

🌐 *smarticular.net/pfeffer-gesund*

Hafermilch lässt sich einfach selber machen, statt sie zu kaufen. Für einen Liter Hafermilch brauchst du folgende Zutaten und Utensilien: 1 L kaltes Wasser, 50–100 g zarte Haferflocken, 1 Prise Salz, optional 3–5 Datteln, Mixer und ein feinmaschiges Sieb oder Tuch. **Zubereitung:** Alle Zutaten im Mixer für 2–3 Minuten auf hoher Stufe mixen. Die fertige Milch durch ein feines Sieb oder Tuch abgießen und die Reste gründlich ausdrücken. Durch zu viel Wärme kann Hafermilch glibberig werden, dagegen hilft langsames Mixen und die Zugabe einiger Eiswürfel.

Planen statt Wegwerfen! Schreibst du regelmäßig einen Essens- und Einkaufsplan? Das spart nicht nur Zeit und Geld, es hilft auch dabei, Lebensmittel bedarfsgerecht zu kaufen und weniger wegzuwerfen. Diese Tipps erleichtern die Einführung:

🌐 *smarticular.net/einkaufsplan*

Was gibt es wann? Ein Menüplan hilft dir
deinen Wocheneinkauf besser zu planen.

Woche 3

von   bis

Nicht vergessen!

Wochenziel

Wochenaufgaben

Mo

🌿
🍎
🚲
📕
☆
♡
○

Di

🌿
🍎
🚲
📕
☆
♡
○

Mi

🌿
🍎
🚲
📕
☆
♡
○

Kleine Schritte sind besser als keine Schritte.

Einkaufszettel

○
○
○
○
○
○

○
○
○
○
○
○

Schreibst du deinen Einkaufszettel
gern direkt in deine Wochenüber-
sicht? Am Wochenende ist vielleicht
noch Platz dafür.

Fünf Minuten für dein Immunsystem: Mit einer Naturbürste bringst du morgens in wenigen Minuten den Kreislauf in Schwung und sorgst gleichzeitig für einen gesunden, rosigen Teint. Gebürstet wird über die trockene Haut mit kreisenden Bewegungen oder in kräftigen Strichen. Wichtige Grundregel: Immer herzwärts bürsten! Beginne mit den Beinen, bürste dann die Arme, zum Schluss Bauch und Brust.

Kleiderschrank ausmisten leicht gemacht – mit der ABC-Stapel-Technik! Hole dazu im ersten Schritt alle Kleidungsstücke aus dem Schrank und sortiere sie in drei Stapel. Stapel A: Mag ich und trage ich oft. Stapel B: Mag ich und trage ich selten. Stapel C: Mag ich vielleicht. Stapel A kann sofort wieder in den Schrank. Von Stapel B werden drei bis fünf Teile ausgewählt, die bleiben dürfen. Bei Stapel C gilt es herauszufinden, ob sie weiterhin einen Platz in deinem Schrank verdienen. Entscheidungshilfe findest du hier:

🌐 *smarticular.net/kleiderschrank-ausmisten*

Grüner Haushaltstipp: Statt immer wieder Haushaltsreiniger in Plastikverpackung und mit langen Zutatenlisten zu kaufen, kannst du einen kraftvollen Universalreiniger ganz einfach selbst herstellen. Mische dafür 2 Tassen Essig mit 1 Tasse Wasser und gib 20 Tropfen ätherisches Öl dazu (am besten Orangenöl). In eine leere Sprühflasche abfüllen – fertig ist deine grüne Putzhilfe.

Zero-Waste-Tipp: Ranzig gewordenes Pflanzenöl muss nicht weggeworfen werden. Verwende es stattdessen zur Leder- und Holzpflege, um Seife herzustellen oder für selbst gemachte Kerzen.

🌐 *smarticular.net/speiseoel*

Woche 4   von   bis

Nicht vergessen!   Wochenaufgaben

Mo

🍃
🍎
🚲
📕
☆
♡
◯

Di

🍃
🍎
🚲
📕
☆
♡
◯

Idee: Mach doch einen Tag der Woche zum Obst- oder Rohkosttag!

Mi

🍃
🍎
🚲
📕
☆
♡
◯

52

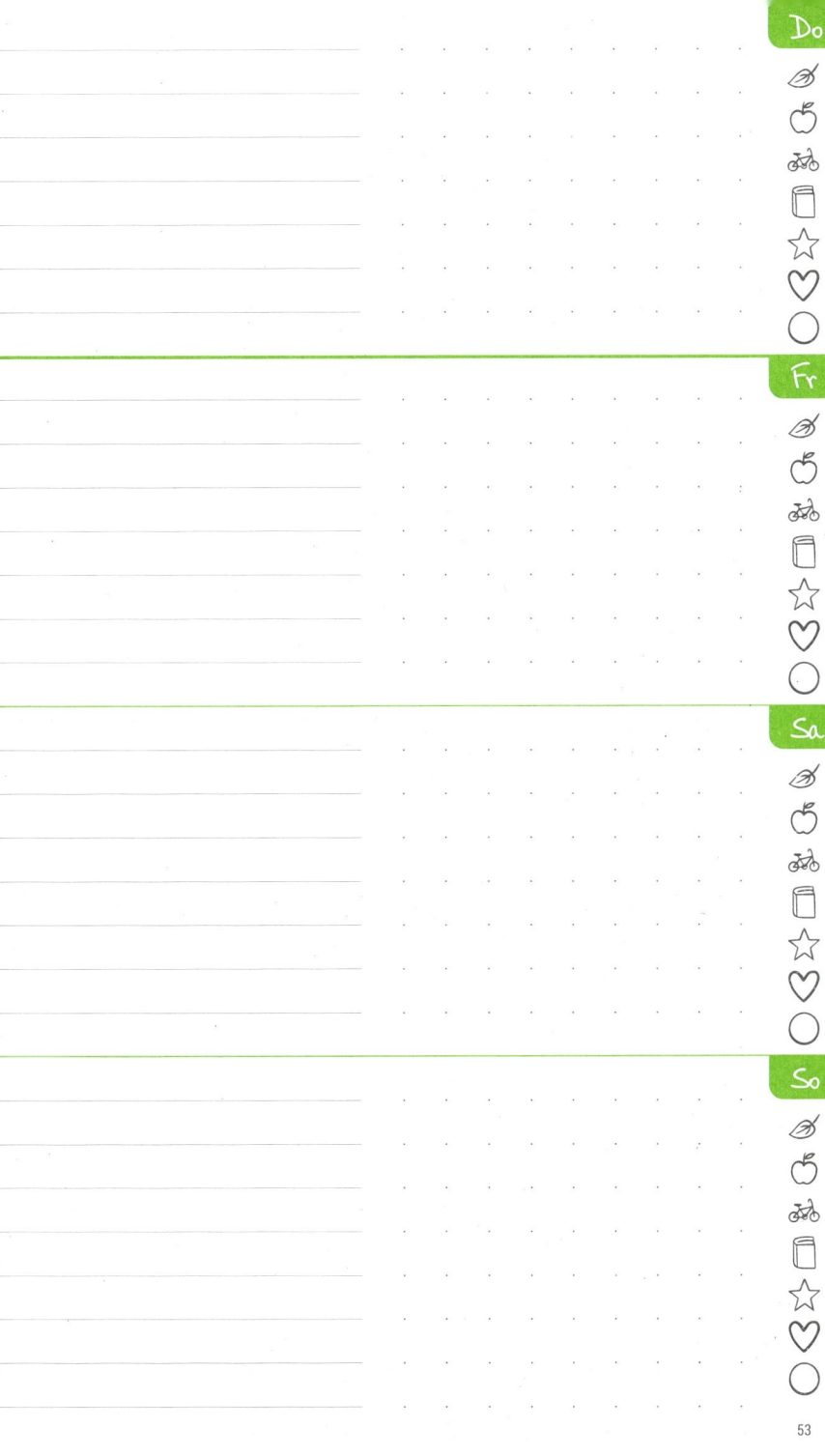

Ein nachhaltiger Vorrat lässt sich am besten mit lange haltbaren Lebensmitteln anlegen. Dazu zählen vor allem trockene Zutaten wie Hülsenfrüchte, Haferflocken und Mehl sowie Eingemachtes und Gewürze. Detaillierte Tipps:

🌐 *smarticular.net/lebensmittel-vorrat*

Eine milde Nasennebenhöhlenentzündung kannst du mit Hausmitteln behandeln, um dir Arztbesuch und Antibiotika im besten Fall zu ersparen. Eine Inhalation mit einem Esslöffel getrocknetem Thymian oder mit Kamillenblüten wirkt entzündungshemmend und schleimlösend.

🌐 *smarticular.net/sinusitis*

Wunderbares Gewürzsalz (Gomasio) lässt sich aus 1 TL Salz und 15 TL ungeschälten Sesamsamen herstellen. **Zubereitung:** Sesam für 1–2 Minuten in kaltem Wasser einweichen, durch ein Sieb abgießen, mit klarem Wasser abspülen und abtropfen lassen. Den abgetropften Sesam in einer Pfanne ohne Fett bei mittlerer Hitze unter ständigem Rühren rösten, bis er goldbraun ist und einzelne Samen beginnen aufzuspringen. Kurz abkühlen lassen, mit dem Salz vermischen und beides bis zur gewünschten Konsistenz mit einem Mörser zerkleinern. Das fertige Sesamsalz in ein luftdichtes Gefäß abfüllen.

🌐 *smarticular.net/gomasio*

Grüne Smoothies im Winter? Kein Problem mit Wildkräutern, die auch im Winter wachsen. Dazu kommen gelagerte Obst- und Gemüsesorten – zum Beispiel zwei Äpfel, eine Handvoll Gundermann, Sauerampfer, Vogelmiere oder Löwenzahn sowie etwas Wasser. Alle Zutaten in einen Mixer geben, 200 ml Wasser hinzufügen und kräftig mixen. Wer es süßer mag, gibt noch etwas Honig oder ein bis zwei Datteln hinein.

ZERO-WASTE
checkliste

- ⃝ Stoffbeutel immer dabei
- ⃝ Glas statt Plastikflaschen
- ⃝ Keine Einwegartikel aus
  Plastik (Strohhalme, Rasierer)
- ⃝ Obst & Gemüse lose kaufen
- ⃝ andere Lebensmittel in
  Schraubgläsern
- ⃝ Pflegeprodukte selber
  machen
- ⃝ synthetische Kleidung
  vermeiden

55

Nicht vergessen!

Wochenziel

Wochenaufgaben

Mo

🍃
🍎
🚲
📖
☆
♡
○

Di

🍃
🍎
🚲
📖
☆
♡
○

Mi

🍃
🍎
🚲
📖
☆
♡
○

Do

Fr

Wenn du erkennst, dass es dir an nichts fehlt,
gehört dir die ganze Welt. (Laozi)

Sa

So

Probiere doch mal dieses herzhafte Grünkohl-Pesto mit regionalen Zutaten! Grünkohl (siehe Saisonkalender S. 252) ist vielseitig und äußerst gesund: Du brauchst 120 g Grünkohl, 80 g Sonnenblumenkerne, 50 g Walnussöl, 50 g Rapsöl, 1–2 TL Zitronensaft, Salz und Pfeffer. **Zubereitung:** Grünkohl waschen, Strunk entfernen und die Blätter zerkleinern. Sonnenblumenkerne in einer Pfanne ohne Öl rösten. Alle Zutaten im Mixer pürieren. In ein Schraubglas füllen und mit einer Schicht Öl bedecken.

Im Winter ist eine ideale Zeit für ein wärmendes Entspannungsbad mit Lavendel. Dazu 50 g getrocknete Lavendelblüten in einem Liter Wasser aufkochen, 10 Minuten köcheln lassen, abseihen und den Sud zum einlaufenden Badewasser geben. Mehr natürliche Badezusätze:

🌐 *smarticular.net/heilbaeder*

Valentinstag ohne Massenkonsum – zum Beispiel mit selbst gemachten Badepralinen. Benötigt werden: 100 g Natron, 50 g Zitronensäure, 25 g Speisestärke, 50 ml Kokosöl, 5–10 Tr. ätherisches Rosen- oder Orangenöl, rote Lebensmittelfarbe und kleine Silikonformen. **Zubereitung**: Natron, Zitronensäure und Speisestärke in einer Schüssel verrühren. Kokosöl ggfs. im Wasserbad verflüssigen. Das Öl teelöffelweise zu den trockenen Zutaten geben und alles vermengen. Lebensmittelfarbe und ätherisches Öl zugeben und gleichmäßig verkneten. Die Masse in Förmchen füllen, festdrücken und für mindestens einen Tag in der Form fest werden lassen.

Für eine heilsame Inhalationslösung bei Erkältung gib 9 g naturbelassenes Kochsalz auf 1 L heißes Wasser in eine Schüssel und atme für 10–15 Minuten den Dampf ein. Mehr Tipps zum Inhalieren:

🌐 *smarticular.net/inhalieren*

PRIORITÄTEN
für die Woche

HAUPTPRIO

NEBENPRIO

Um nicht von der Menge deiner
Wochenaufgaben überrollt zu
werden, hilft es zu priorisieren.

von

bis

Wochenziel

Nicht vergessen!

Wochenaufgaben

Mo

- ✍
- 🍎
- 🚲
- 📖
- ☆
- ♡
- ○

Di

- ✍
- 🍎
- 🚲
- 📖
- ☆
- ♡
- ○

Mi

- ✍
- 🍎
- 🚲
- 📖
- ☆
- ♡
- ○ ← Idee: Im Kreis kannst du die Mondphasen einmalen!

Fr

Sa

So

Wenn der Hals kratzt und beim Schlucken schmerzt, verschaffen natürliche Heilmittel preiswert und ohne Nebenwirkungen Linderung – zum Beispiel ein **frisch aufgebrühter Ingwertee!** Einfach ein daumengroßes Stück der antibakteriellen Knolle in Scheiben schneiden, mit heißem Wasser übergießen, einige Minuten ziehen lassen und heiß genießen. Mehr natürliche Helfer gegen Halsschmerzen:

🌐 *smarticular.net/halsschmerzen*

Mit diesem Rezept für umweltfreundliches Zauberspray kann der Frühjahrsputz kommen! Du benötigst 30 g Waschsoda, 50 g Biospüli, 60 ml 25-prozentige Essigessenz und 1,75 L Wasser. **Zubereitung:** In einem großen Topf Soda in 250 ml Wasser einrühren. Die Mischung kurz aufkochen und vom Herd nehmen. Erst Spüli (Vorsicht, Schaumbildung!) und dann Essigessenz unterrühren. Das restliche Wasser hinzugeben und alles noch einmal kräftig umrühren. In Sprühflaschen abfüllen und vor jedem Gebrauch kurz schütteln.

🌐 *smarticular.net/zauberspray*

Ein heilsames Erkältungsbad für Erwachsene ist blitzschnell selbst gemacht. Für einen kleinen Vorrat werden benötigt: 500 g grobes Salz, 2 EL Pflanzenöl, jeweils 20 Tr. Thymianöl, Fichtennadelöl und Eukalyptusöl. **Zubereitung:** Salz in eine große Schüssel geben, Pflanzenöl und ätherische Öle in einem Schälchen vermischen, zum Salz geben und alles gut vermengen. In Schraubgläser geben und verschließen. Vor der Verwendung mindestens einen Tag lang durchziehen lassen. Pro Anwendung bis zu 100 g Badesalz im einlaufenden Badewasser auflösen.

Langsam wird es Zeit, mit der Aussaat zu beginnen! Auberginen, Paprika und Tomaten können jetzt schon vorgezogen werden. Weitere Tipps findest du in unserem Aussaatkalender für das ganze Jahr:

🌐 *smarticular.net/aussaatkalender*

8x trinken pro Tag

DEIN WOCHEN·TRINK·PLAN

Verteile deinen Wasserbedarf auf acht Portionen täglich und hake ab, was du getrunken hast. Durchschnittlicher Gesamttagesbedarf: Ein Liter Wasser pro 25 kg Körpergewicht.

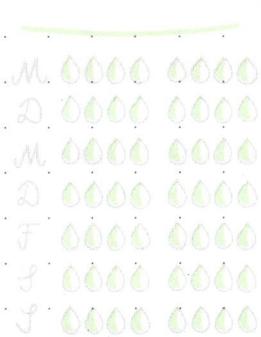

Woche 7

Wochenziel

Nicht vergessen!

Wochenaufgaben

Mo

Di

Mi

64

🌿
🍎
🚲
🥫
☆
♡
○

🌿
🍎
🚲
🥫
☆
♡
○

🌿
🍎
🚲
🥫
☆
♡
○

Angst beginnt im Kopf. Mut auch.

🌿
🍎
🚲
🥫
☆
♡
○

Hummus im Handumdrehen selbst gemacht: Für eine Portion des gesunden Brotaufstrichs werden benötigt: 250 g gekochte Kichererbsen, 4 EL kalt gepresstes Raps- oder Olivenöl, 2 EL Kichererbsenwasser oder klares Wasser, ½–1 TL Kreuzkümmel, Salz und Pfeffer. **Zubereitung:** Alle Zutaten in eine Schüssel geben, mit einem Pürierstab pürieren und mit Salz und Gewürzen abschmecken.

Es ist okay, nicht perfekt zu sein! Wer nachhaltig leben möchte, setzt sich häufig selbst unter Druck, alles perfekt zu machen. Um Frustration und Resignation zu vermeiden, empfiehlt es sich, kleine, überschaubare Ziele zu wählen und Erfolge festzuhalten. Das Motto Less Waste **statt** Zero Waste schont ebenfalls die Umwelt und bringt viel mehr, als wenn wir alle versuchen würden, perfekt zu sein. Mehr Ideen, die motivieren statt frustrieren:

⊕ *smarticular.net/ohne-perfektionismus*

Viele Gemüsesorten gedeihen auch auf dem Balkon oder auf dem Fensterbrett – z. B. Tomaten, Bohnen, Kohlrabi und Salat (siehe auch: Saisonkalender S. 252). Tipps für den Anbau auf kleinstem Raum findest du hier:

⊕ *smarticular.net/gemuese-wohnung*

Schluss mit langen Zutatenlisten und Verpackungsmüll: Mit dieser **Zahncreme aus zwei Zutaten** kannst du deine Zähne preiswert und umweltfreundlich pflegen. Für eine Portion benötigst du 4–5 EL Biokokosöl und 2–3 EL feines Natronpulver. **Zubereitung**: Kokosöl im Wasserbad erwärmen, Natron ggfs. fein mahlen, gleichmäßig unterrühren und die Paste in ein kleines Schraubglas füllen.

Woche 8

von   bis

Nicht vergessen!

Wochenaufgaben

Mo

Di

Mi

Wann hast du zuletzt etwas Neues gelernt?
Mach doch einen Tag in der Woche zum Lerntag!

68

Fr

Sa

So

Mit diesem Tipp werden harte Handtücher wieder kuschelig weich: Einfach vor dem Aufhängen und vor dem Zusammenlegen einmal kräftig aufschütteln, kurz zwischen den Fingern kneten, und die unangenehme Trockenstarre gehört der Vergangenheit an. Mehr Tipps gegen harte Handtücher:

⊕ *smarticular.net/harte-handtuecher*

Speisestärke ist ein vielseitiges Hausmittel, das nicht nur für sämige Soßen sorgt. Sie ist vielfältig für Kosmetik und im Haushalt verwendbar, z. B. um Möbeln zu neuem Glanz zu verhelfen. Dazu einfach etwas Speisestärke auf einen weichen Lappen geben, das Mobiliar damit abreiben und etwas nachpolieren. Mehr Einsatzmöglichkeiten für Speisestärke:

⊕ *smarticular.net/speisestaerke*

Zero-Waste-Tipp: Aus alten T-Shirts lassen sich noch viele nützliche Dinge zaubern! Zum Beispiel waschbare Kosmetikpads. Du brauchst ein altes Shirt und ein altes Frotteehandtuch. Aus beiden Stoffen Kreise (ca. 8 cm Ø) ausschneiden, je zwei Kreise übereinanderlegen, mit Stecknadeln fixieren und den Rand rundherum zusammennähen. Fertig sind Kosmetikpads mit einer weichen und einer rauen Seite. Mehr Upcycling-Ideen für T-Shirts:

⊕ *smarticular.net/tshirt-upcycling*

Muskatellersalbei, Mönchspfeffer und Ylang Ylang gehören zu den ätherischen Öle für Frauen und sind vielfältig einsetzbar, um Wechseljahrs- und Zyklusbeschwerden zu lindern. In der Schwangerschaft hilft ein Duftstein, der mit jeweils einem Tropfen ätherischem Zitronenöl, Limettenöl und Rosmarinöl getränkt ist, gegen weit verbreitete Wehwehchen. Mehr Rezepte und Tipps:

⊕ *smarticular.net/aetherische-oele-fuer-frauen*

Meine Abendroutine

Schreibe auf, für welche
Dinge am Abend du dir wieviel Zeit lässt, um entspannt
und sorgenfrei ins Bett
zu sinken.

Woche 9

Wochenziel

Nicht vergessen!

Wochenaufgaben

Mo

🖊
🍎
🚲
📖
☆
♡
○

Di

🖊
🍎
🚲
📖
☆
♡
○

Mi

🖊
🍎
🚲
📖
☆
♡
○

Fr

Jetzt beginnt die Zeit, um Gemüsepflanzen drinnen
vorzuziehen (siehe Saisonkalender auf S. 252)!

Sa

So

Natürlich bunte Ostereier mit den Farben der Natur: Grüne Eier erhältst du z. B. mit Brennnessel-Sud. Einfach 200 g frische Brennnesselblätter in 2 L Wasser aufkochen. Rohe Eier und 2 EL Essig hinzugeben und die Eier im grünen Sud hart kochen. Mehr natürliche Färbemittel:

🌐 *smarticular.net/ostereier-faerben*

Hygienisch reine Wäsche auch ohne Hygienespüler: Durch einfache Hausmittel lässt sich das umweltbelastende Spezialprodukt ganz leicht ersetzen – z. B. durch 1–2 EL Sauerstoffbleiche, zusätzlich ins Waschmittelfach gegeben, oder durch dreißigminütiges Einweichen in Essigwasser (1 Teil Essig und 4 Teile Wasser) vor der Maschinenwäsche.

🌐 *smarticular.net/hygienespueler*

Ingwer gedeiht sogar regional, wenn du ihn in der Wohnung selbst vermehrst. Du benötigst eine Ingwerknolle mit einem Trieb-Auge. Die Knolle als Keimhilfe über Nacht in lauwarmes Wasser legen. Eine große Schale zu $^2/_3$ mit nährstoffreicher Erde füllen, den Ingwer in die Erde legen und mit etwa 2 cm Erde bedecken. Regelmäßig mit zimmerwarmem Wasser befeuchten. An einen hellen, warmen und zugfreien Platz ohne direkte Sonneneinstrahlung stellen. Nach ein paar Wochen zeigt sich der erste Trieb, nach 8–10 Monaten kann neuer Ingwer geerntet werden. Mehr Tipps zum Ingwer-Anbau:

🌐 *smarticular.net/ingwer-anbauen*

Beete in Rasen verwandeln, ohne Umgraben: Neben einer Umrandung (Bretter, Steine o. Ä.) brauchst du einen großen Pappkarton. Die Fläche mit Pappe auslegen (ohne Etiketten, Klebestreifen etc.) und Kompost und Erde darauf verteilen. Als unterste Schicht sorgt sie dafür, dass Rasen und unerwünschte Beikräuter eingehen und du in wenigen Wochen säen und pflanzen kannst. Detaillierte Anleitung:

🌐 *smarticular.net/mulchbeet*

	Wochenziel
Nicht vergessen!	Wochenaufgaben

Mo

Di

Wann warst du das letzte Mal in der Natur?
Mach doch einen Tag in der Woche zu deinem Naturtag!

Mi

Do

Fr

Sa

So

Natron gehört zu den vielseitigsten Hausmitteln überhaupt! Zusammen mit Kernseife ergibt es einen effektiven Allzweckreiniger. **Zubereitung:** 1 TL geriebene Kernseife in 250 ml warmem Wasser auflösen, kurz abkühlen lassen. 1 TL Natron und 1 Spritzer Zitronensaft dazugeben. In eine Sprühflasche füllen, auf verschmutzte Oberflächen sprühen und mit einem feuchten Tuch nachwischen.

Mit einem selbst organisierten Clean-up lässt sich wilder Müll beseitigen und auf das Problem aufmerksam machen. Für eine spontane Sammelaktion reichen schon ein Müllbeutel und Handschuhe aus.

⊕ *smarticular.net/clean-up*

Reste von Spirituosen nicht wegschütten: Der Alkohol eignet sich als vielseitiges Hilfsmittel im Haushalt. Er verlängert die Haltbarkeit selbst gemachter Pflegeprodukte, beseitigt Schmutz und Bakterien, dient als Brillenputzmittel und wird zusammen mit ätherischen Ölen zum effektiven Mückenspray. Ein Spritzer im Blumenwasser sorgt dafür, dass Schnittblumen länger frisch bleiben. Mehr Tipps:

⊕ *smarticular.net/alkohol*

Ein köstliches Bärlauch-Pesto entsteht mit Bärlauch, der im März und April vielerorts wächst (siehe auch Wildpflanzenkalender S. 253). Du brauchst 150 g frische Bärlauchblätter, 60 g Nüsse oder Samen, 80–90 ml Olivenöl, 25 g Hefeflocken, Salz und Pfeffer. **Zubereitung:** Nüsse ohne Fett anrösten und abkühlen lassen. Bärlauch waschen, trocken tupfen und zerkleinern. Zusammen mit den anderen Zutaten im Mixer zu einem feinen Brei pürieren, mit Salz und Pfeffer abschmecken. In Gläser füllen, kühl aufbewahren und innerhalb einer Woche verbrauchen oder auf Vorrat einfrieren.

⊕ *smarticular.net/baerlauchpesto*

Selbstreflexion meiner Woche

Das hat gut ✓ funktioniert

Das hat nicht ✗ gut funktioniert

Das habe ich gelernt

Das kann ich verbessern

Nutze den Platz in deinen Wochenübersichten zum Beispiel um zu reflektieren.

Woche 11

von   bis

Wochenziel

Wochenaufgaben

Mo

Di

Mi

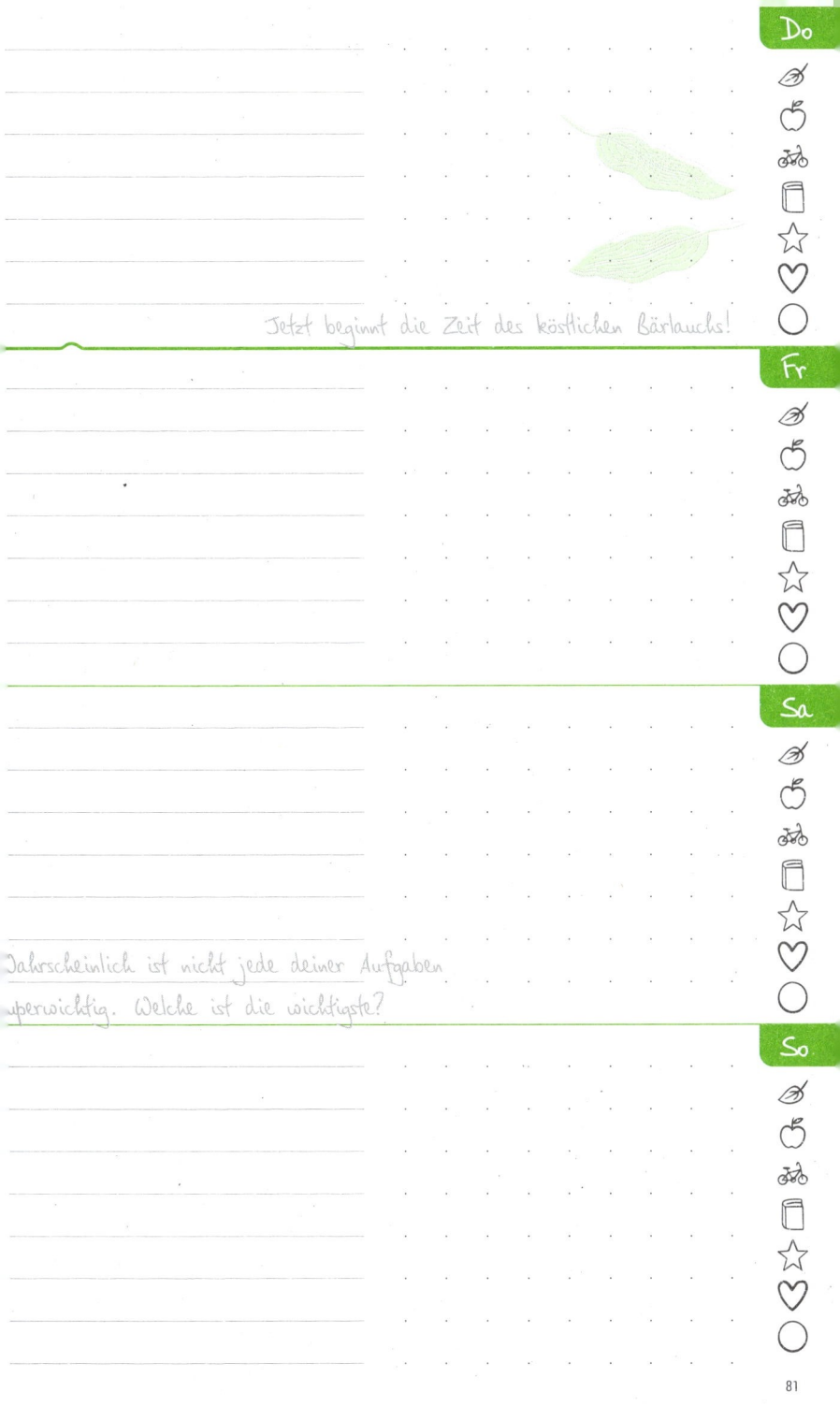

Do

Jetzt beginnt die Zeit des köstlichen Bärlauchs!

Fr

Sa

Wahrscheinlich ist nicht jede deiner Aufgaben
superwichtig. Welche ist die wichtigste?

So

81

Für Guerilla-Gärtner: Mit selbst gemachten Samenbomben lassen sich trostlose Brachflächen begrünen und bienenfreundlich zum Blühen bringen. Die kleinen Helfer kannst du leicht selbst herstellen. Es werden Samen, Bentonit-Katzenstreu und Pflanzerde benötigt. **Zubereitung**: 1 TL Samen, 4–5 EL Katzenstreu und 4–5 EL Pflanzerde in einer Schüssel vermischen. Wenig Wasser zugeben, bis ein fester Teig entsteht. Walnussgroße Kugeln formen und trocknen lassen. Mehr Infos:

⊕ *smarticular.net/samenbomben*

Das Frühjahr ist ein guter Zeitpunkt, um **Wildkräuter für einen Erkältungstee zu sammeln** und sie für den Winter zu trocknen. Mädesüß, Roter Sonnenhut, Holunderblüten, Lindenblüten und Spitzwegerich wirken entzündungshemmend, schleimlösend und stärken die körpereigene Abwehr.

⊕ *smarticular.net/erkaeltungstee*

Woll- und Feinwaschmittel lässt sich umweltfreundlich und preiswert selber machen. Du brauchst 50 g Kernseife, 100 ml Bioethanol oder einen anderen hochprozentigen Alkohol und ¼ L Wasser. **Zubereitung:** Kernseife reiben, mit Wasser in einen Topf geben, gut verrühren und aufkochen. Vom Herd nehmen und abkühlen lassen. Ethanol dazugeben, gründlich verrühren und in eine Flasche füllen. 50–100 ml reichen für eine Ladung Woll-/Feinwäsche.

⊕ *smarticular.net/feinwaschmittel*

Für selbst gemachte aromatische Bärlauchbutter benötigst du nur Bärlauch und Butter – sowie Gewürze nach Geschmack. **Zubereitung:** Eine Handvoll Bärlauch in feine Streifen schneiden und zusammen mit Salz, Pfeffer und nach Wunsch weiteren Gewürzen in 125 g zimmerwarme Butter einrühren. Die fertige Bärlauchbutter kühl stellen.

Wochenziel

Nicht vergessen!	Wochenaufgaben

Mo

← Markiere alle Tage, an denen du glücklich bist – wie viele werden es am Ende des Jahres sein?

Di

Mi

84

Do

Fr

Sa

So

Zitronensäure ist viel mehr als ein natürliches Entkalkungsmittel. Aus 300 ml hochprozentigem Alkohol, 200 ml Wasser und 80 g Zitronensäure kannst du zum Beispiel einen **umweltfreundlichen Klarspüler für die Spülmaschine herstellen**. Dazu einfach die Zitronensäure im Wasser auflösen, in eine Flasche füllen und Alkohol dazugeben. Kräftig schütteln und wie herkömmlichen Klarspüler dosieren. Mehr Tipps:

⊕ *smarticular.net/zitronensaeure*

Für blitzblanke Fenster lässt sich ein natürlicher **Fensterreiniger einfach selber machen**. Du brauchst nur drei Zutaten: 250 ml Wasser, 250 ml Spiritus, 2–3 TL Apfelessig sowie eine Sprühflasche. **Zubereitung:** Alle Zutaten in die Sprühflasche geben und leicht schütteln – fertig!

⊕ *smarticular.net/fensterreiniger*

Um sein Aroma noch lange genießen zu können, kannst du aus Bärlauch und Salz ein **würziges Bärlauchsalz herstellen**. Du brauchst 100 g frische Bärlauchblätter und 250 g grobes Salz. **Zubereitung:** Bärlauchblätter waschen, trocken tupfen, fein hacken und mit dem Salz mischen. Das Kräutersalz auf einem Teller oder Backblech ausbreiten und an der Luft trocknen lassen, dabei gelegentlich umrühren. Das fertige Bärlauchsalz in einem luftdichtes Gefäß aufbewahren. Mehr Ideen für selbst gemachtes „Unkrautsalz":

⊕ *smarticular.net/kraeutersalz*

Alles, was du für die natürliche Gesichtsreinigung brauchst, befindet sich in deinem Küchenschrank! Aus 1 EL feinen Haferflocken, mit etwas Wasser vermischt, entsteht z. B. ein sanftes, pflegendes Gesichtspeeling. Einfach auftragen, einmassieren und mit klarem Wasser nachspülen.

⊕ *smarticular.net/gesichtsreinigung*

Was mir im Kopf rumschwirrt:

Woche 13

Wochenziel

Nicht vergessen!

Wochenaufgaben

Mo

Di

Mi

88

Do

🌿 🍎 🚲 🫙 ☆ ♡ ○

Fr

🌿 🍎 🚲 🫙 ☆ ♡ ○

Sa

🌿 🍎 🚲 🫙 ☆ ♡ ○

So

🌿 🍎 🚲 🫙 ☆ ♡ ○

Bald werden Kartoffeln gesteckt — das klappt sogar auf dem Balkon oder in der Wohnung (siehe S. 102)!

Bald ist Frühling! Deine vier Wände werden auch **ohne giftige Chemie frühlingsfrisch und sauber**. Ein selbst gemachter Essigreiniger aus zwei Teilen Essig und einem Teil Wasser ersetzt spielend den gekauften Universalreiniger, Speisestärke macht Teppichreiniger-Pulver überflüssig. Mehr Tipps:

🌐 *smarticular.net/fruehjahrsputz*

Festes Parfum selber machen: Für zwei kleine 20-ml-Döschen benötigst du 25 ml duftneutrales, hautpflegendes Pflanzenöl, 4 g Bienenwachs und 50–75 Tropfen einer Duftmischung aus ätherischen Ölen. **Zubereitung:** Bienenwachs und Pflanzenöl in ein kleines Glas, im Wasserbad bei mittlerer Hitze verflüssigen und gründlich verrühren. Das Glas aus dem Wasserbad nehmen. Ätherisches Öl zugeben und nochmals gründlich verrühren. Konsistenzprobe auf einem kalten Teller machen und bei Bedarf noch etwas Wachs oder Öl dazugeben. In Döschen abfüllen und erkalten lassen. Ideen für selbst gemachte Duftmischungen:

🌐 *smarticular.net/festes-parfum*

Zero-Waste-Tipp: Übrig gebliebene Eierschalen nicht wegwerfen! Sie eignen sich als kalkhaltiger Dünger für den Garten und können auch im Haushalt vielseitig verwendet werden. Zerkleinere die Schalen von 1–2 Eiern zu feinem Pulver und gib sie in 1 L Wasser. Nach 12 Stunden sind schon reichlich Mineralstoffe im Wasser gelöst, sodass es als Dünger für Zimmerpflanzen verwendet werden kann.

🌐 *smarticular.net/eierschale*

Wirf die alte Zahnbürste nicht weg! Mit ihrem schmalen Kopf und den kräftigen Borsten eignet sie sich ideal zum Säubern kleiner Ecken und schwer zugänglicher Stellen.

🌐 *smarticular.net/zahnbuersten*

Woche 14   von   bis

Nicht vergessen!

Mo

Di

Bald beginnt die Zeit der Holunderblütenernte (siehe S. 253)!

Mi

Do

Fr

Sa

So

93

Jetzt schon die Haut auf den Sommer vorbereiten, damit Sonnencreme bestenfalls ganz überflüssig wird: Beginne mit kurzen Sonnenbädern, die du in den nächsten Wochen langsam verlängerst. Beta-Carotin-haltige Lebensmittel (Tomaten, Karotten, rote Paprika) im Speiseplan erhöhen den Eigenschutz der Haut. Nüsse, Vollkornflocken und Sprossen versorgen die Haut mit Biotin, das sie ebenfalls von innen schützt.

Grüner Haushaltstipp: Kalkflecken wirst du mit selbst gemachtem Kalklöser-Gel los. Dafür benötigst du 400 ml Wasser, 100 ml Bio-Flüssigseife/Bio-Spülmittel, 4–5 EL Zitronensäurepulver, 2 EL Tafelessig und 3–4 EL Speisestärke. **Zubereitung:** Wasser und Essig in einen Topf geben, Speisestärke einrühren und das Gemisch unter Rühren aufkochen lassen. Wenn ein Gel entstanden ist, vom Herd nehmen. Während des Abkühlens die Zitronensäure einrühren, bis sie sich vollständig aufgelöst hat. Flüssigseife unterrühren und das fertige Gel in eine leere Spülmittelflasche füllen.

⊕ *smarticular.net/kalkloeser-gel*

Für Blütenpracht auf dem Balkon und im Garten sorgen Dauerblüher, von denen du viele jetzt säen oder pflanzen kannst. Skabiosen, Duftnesseln und Storchschnabel erfreuen nicht nur das Auge, sondern sind auch Nahrung für Insekten. Mehr Tipps:

⊕ *smarticular.net/dauerblueher*

Zero-Waste-Tipp: Auch kleine Gemüsereste können im Tiefkühler gesammelt werden. Sobald genug zusammen gekommen ist, wird daraus ein aromatischer Fond oder eine Gemüsewürzpaste.

⊕ *smarticular.net/gemuesreste-einfrieren*

Einnahmen/Ausgaben

WANN?	WO?	WAS?	€

Wie sich der Grüne Faden auch als Haushaltsbuch nutzen lässt,
erfährst du auf Seite 10 sowie unter gruenerfaden.net/haushaltsbuch.

von   bis

Wochenziel

Wochenaufgaben

Mo

Di

Mi

Do

Fr

Sa

Wie wäre es, in diesem Jahr ein bisschen Gemüse im Garten oder auf dem Balkon anzubauen (siehe Saisonkalender auf S. 252)?

So

Grüner Haushaltstipp: Wann hast du die Waschmaschine zum letzten Mal gereinigt? Ein leerer Waschgang bei niedriger Temperatur mit einem halben Liter Tafelessig (5 % Säure) im Waschmittelfach befreit sie von Kalk, Waschmittelresten und Keimen, damit die Wäsche wieder richtig sauber und geruchsfrei wird.

⊕ *smarticular.net/waschmaschine-reinigen*

Festes Duschgel selber machen: Du brauchst 100 g Kakaobutter, 100 g Speisestärke und 100 g des pflanzlichen Tensids SLSA, außerdem eine passende Silikonform. **Zubereitung:** Mund-Nasen-Schutz anlegen. Zutaten abwiegen, Stärke und SLSA in einer Schüssel vermengen. Kakaobutter im Wasserbad schmelzen, zu den trockenen Zutaten gießen und alles gut durchkneten. Das fertige Gemisch in Formen füllen, fest andrücken und für einige Stunden auskühlen lassen.

⊕ *smarticular.net/duschbars*

Mit einer Bienenweide auf dem Balkon oder im Garten sorgst du dafür, dass Wildbienen, Hummeln und Co. genug Nahrung finden. Neben Blühpflanzen wie Sonnenblumen und Kapuzinerkresse sorgen Kräuter wie Thymian, Lavendel und Schnittlauch dafür, dass zahlreiche Nützlinge sich an den Blüten laben können.

⊕ *smarticular.net/bienenweide*

Eine hautstraffende Gesichtsmaske entsteht im Handumdrehen aus 1 EL naturtrübem Apfelessig, 1 Eigelb, 2 EL zerdrückter Banane und 3 EL Olivenöl. Alle Zutaten zu einer Paste verrühren, auf das gereinigte Gesicht auftragen, 30 Minuten einwirken lassen und mit lauwarmem Wasser abwaschen.

⊡ *marticular.net/apfelessig-maske*

von   bis   Wochenziel

Nicht vergessen!   Wochenaufgaben

Mo

Wir können den Wind nicht ändern,
aber die Segel anders setzen. (Aristoteles)

Di

Mi

Fr

Sa

So

Eine Handwasch-Paste aus Natron und Wasser befreit die Hände nach der Arbeit im Garten oder in der Werkstatt von hartnäckigem Schmutz. Dafür 100 g Natron und 25 g Wasser zu einer Paste verrühren und in ein Schraubglas füllen. Bei Bedarf eine kleine Menge entnehmen, in den Händen verteilen, kräftig rubbeln und mit klarem Wasser abspülen.

⊕ *smarticular.net/handwaschpaste*

Junge Lindenblätter lassen sich vielfältig verwenden. Wenn in deiner Gegend Linden (siehe auch Wildpflanzenkalender S. 253) wachsen, ist jetzt der richtige Zeitpunkt, ihre süßlich-milden Blätter zu kosten – ob frisch in den Mund, als Zutat für grüne Smoothies, im Salat oder gekocht als Spinat-Alternative.

Kernseife ist ein unterschätztes Hausmittel und sollte in keinem Haushalt fehlen. Du kannst sie als Duschgel-Alternative verwenden, eine große Zahl natürlicher Pflege- und Hygieneprodukte damit herstellen und gelegentlich sogar die Zähne damit putzen!

⊕ *smarticular.net/kernseife*

Jetzt ist ein guter Zeitpunkt, um Kartoffeln anzupflanzen. Wer keinen Garten hat, kann die leckeren Knollen in einem großen Eimer auf dem Balkon oder sogar in der Wohnung wachsen lassen.

⊕ *smarticular.net/kartoffeln-im-eimer*

Trage ein, welche
Beträge du sparen
willst und male aus!

Ich spare
für:

10

25

Wochenziel

Nicht vergessen!

Wochenaufgaben

Mo

Di

Mi

Jetzt sprießt der Giersch — statt das aromatische
Kraut zu bekämpfen, kannst du es einfach aufessen.

Wer viel unterwegs ist, kann sich mit einem **Müsli zum Trinken** mit gesunden Vitalstoffen versorgen. Reichlich Ballaststoffe liefern folgende Zutaten: 2 EL Getreideflocken, 2 EL Leinsamen, 500 ml Wasser oder Pflanzenmilch, 3–4 Trockenpflaumen und frisches Obst nach Geschmack. **Zubereitung:** Alle Zutaten in einen Smoothiemixer geben und für 30–60 Sekunden auf höchster Stufe mixen. Mehr Rezeptideen:

🌐 *smarticular.net/mueslidrink*

Als Alternative zu Spinat lassen sich zahlreiche mild schmeckende, besonders vitalstoffreiche Wildkräuter verwenden, z. B. Brennnesseln, Franzosenkraut, Giersch oder weißer Gänsefuß. Mehr Tipps:

🌐 *smarticular.net/spinat-ersatz*

Mit ein paar Samen oder Setzlingen kannst du eine kahle **Baumscheibe** in wenigen Wochen **in eine blühende Bienenoase verwandeln**!

🌐 *smarticular.net/baumscheibe*

Braune Bananen nicht wegwerfen: Sie lassen sich noch vielseitig verwenden! Zum Beispiel als Ei-Ersatz: Eine zerdrückte Banane ersetzt im Kuchen 2 Eier und 50 g Zucker. Oder backe köstliche Bananenkekse daraus. Du brauchst: 2 reife Bananen, 50 g Butter, 150 g feine Haferflocken, 100 g Mehl und etwas Wasser. **Zubereitung:** Bananen zerdrücken und mit den restlichen Zutaten vermischen. Falls der Teig zu trocken ist, noch etwas Wasser hinzufügen. Kugeln formen und auf einem mit Backpapier ausgelegten Backblech platt drücken. Die Kekse bei 180 °C im Ofen für 15 Minuten backen. Mehr Rezepte:

🌐 *smarticular.net/braune-bananen*

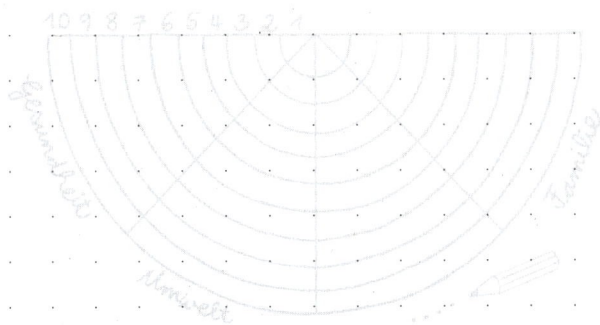

10 9 8 7 6 5 4 3 2 1

Gesundheit

Umwelt

Familie

Wie zufrieden bist du mit den
großen Themen in deinem Leben?
(auf einer Skala von 1 bis 10)

GESUNDHEIT:
○ 2x pro Woche joggen
○ Wildkräuter essen
○

UMWELT:
○ Obst / Gemüse bio kaufen
○

Trage ein, was dir zum
Erreichen einer höheren
Zufriedenheit helfen kann

○
○
○

FAMILIE:
○
○
○

107

Nicht vergessen!	Wochenziel
	Wochenaufgaben

Mo

Di

Wusstest du, dass junge Blätter der Linde, Birke
und vieler anderer Laubbäume essbar und sogar richtig köstlich sind?

Mi

Do

Fr

Sa

So

Es ist Erdbeerzeit (siehe auch Saisonkalender S. 252)! Für selbst gemachten Tortenguss benötigst du 1 EL Kartoffelstärke, 1–2 EL Zucker und 250 ml Wasser. **Zubereitung:** Stärke und Zucker mit etwas Wasser zu einem Brei verrühren. Restliches Wasser zum Kochen bringen, den Stärke-Zucker-Brei einrühren und alles für eine halbe Minute aufkochen. Vom Herd nehmen und zügig auf der Obsttorte verteilen.

🌐 *smarticular.net/tortenguss*

Wachstücher ersetzen Frischhaltefolie aus Plastik – aus Stoffresten und Bienenwachs kannst du sie leicht selber machen. Du brauchst: Baumwollstoff in gewünschter Größe, 2–3 EL Bienenwachs sowie 1 TL Pflanzenöl (für besonders geschmeidige Wachstücher). Wachs und Öl auf ein Backblech geben und bei ca. 65 °C im Ofen schmelzen. Das Tuch im flüssigen Wachs tränken, überschüssiges Wachs abstreifen und das Tuch zum Trocknen aufhängen. Brüchig gewordene Tücher einfach im Ofen wieder auffrischen.

🌐 *smarticular.net/wachstuecher*

Mit Hausmitteln wird Edelstahl wieder blitzblank: leichte Verschmutzungen können mit rohen Kartoffelschalen weggerubbelt werden. Dazu mit der feuchten Seite über die Edelstahlfläche reiben und mit einem Lappen nachwischen. Wenn keine Schalen zur Hand sind, erfüllt etwas Speisestärke auf einem feuchten Schwamm den gleichen Zweck. Mehr Tipps:

🌐 *smarticular.net/edelstahl-reinigen*

Pflegende Bodybutter aus nur zwei Zutaten ist in wenigen Minuten selbst gemacht. Du brauchst 50 ml hautpflegendes Pflanzenöl (z. B. Olivenöl) und 50 g Sheabutter. **Zubereitung:** Beide Zutaten in den Mixer geben, für 2 Minuten kräftig aufschlagen und in ein Schraubglas abfüllen. Das richtige Pflanzenöl für deinen Hauttyp findest du hier:

🌐 *smarticular.net/pflanzenoel-hautpflege*

Woche 19

von   bis

Nicht vergessen!

Wochenaufgaben

Mo

Di

Mi

🌿
🍎
🚲
🥫
☆
♡
◯

🌿
🍎
🚲
🥫
☆
♡
◯

🌿
🍎
🚲
🥫
☆
♡
◯

MHD heißt „mindestens haltbar bis" und nicht „sofort tödlich ab".

🌿
🍎
🚲
🥫
☆
♡
◯

Jetzt ist eine gute Zeit für eine Wildkräuter-wanderung! Auf der Seite kostbarenatur.net/ver-zeichnis findest du Seminare und Führungen von Wildkräuterexperten in deiner Region.

Im Mai beginnt der Holunder zu blühen (siehe auch Wildpflanzenkalender S. 253). Die weißen Dolden enthalten gesunde Flavonoide, ätherische Öle sowie Gerb- und Schleimstoffe. Verarbeite sie z. B. in einem köstlichen Holunderblüten-Sirup! Für 1,5 Liter Sirup benötigst du: 10–25 Holun-derblütendolden, 1 kg Zucker, 1 Bio-Zitrone und 1 Liter Wasser. **Zubereitung:** Wasser und Zucker aufkochen und für 5 Minuten unter ständigem Rühren weiter köcheln lassen. Die aromatischen Pflanzenteile mit der in Scheiben geschnitte-nen Zitrone in den noch heißen Sirup geben und für 24 Stunden zugedeckt ziehen lassen. Den Sirup durch ein Tuch abgießen, noch einmal auf-kochen und heiß in saubere Flaschen abfüllen.

Das Gänseblümchen ist nicht nur hübsch anzu-sehen. In den zarten, weißen Blüten stecken jede Menge gesunde Vitalstoffe, die du z. B. in einem Frühlingssalat oder als Teeaufguss genießen kannst.

⊕ smarticular.net/gaensebluemchen

Heilkräuter lassen sich in einer Tinktur konser-vieren, um auch später im Jahr von ihren Heilwir-kungen zu profitieren. Du brauchst Ansatz-Alkohol und ein leeres Schraubglas. Kräuter säubern, zer-kleinern und ein Schraubglas zur Hälfte damit fül-len. Mit Alkohol bedecken und für 4–6 Wochen an einem dunklen Ort stehen lassen. Regelmäßig kurz aufschütteln, damit sich die Wirkstoffe besser lö-sen. Am Ende durch Filterpapier gießen und in eine Braunglasflasche abfüllen. Tipps zur Verwendung:

⊕ smarticular.net/tinkturen

Meine Morgenroutine

Schreibe auf, für welche
Dinge am Morgen du dir
wieviel Zeit lässt, um gestärkt
und fokussiert in den Tag
starten zu können.

Woche 20 von   bis

Wochenziel

Nicht vergessen!

Wochenaufgaben

Mo

🍃
🍎
🚲
▯
☆
♡
○

Di

🍃
🍎
🚲
▯
☆
♡
○

Mi

🍃
🍎
🚲
▯
☆
♡
○

Der kürzeste Weg zur Gesundheit
ist der Weg in den Garten. (Gärtner Pötschke)

Fr

Sa

So

Brennnesseln stecken voller gesunder Vitalstoffe (siehe auch Wildpflanzenkalender S. 253). Du kannst die jungen Spitzen ernten und in Suppen, Salaten, Smoothies oder zu Tee verarbeiten. Die Blätter eignen sich auch als Spinatersatz! Pflücke sie am besten mit Handschuhen. Sobald das vitalstoffreiche Kraut im Kochtopf ist, können dir die Brennhaare nichts mehr anhaben – im Gegenteil: Gedünstete Brennnesseln liefern reichlich wertvolles Pflanzeneiweiß, Mineralien und Vitamine.

Auch viele andere Wildkräuter sind jetzt zu finden. Sammle nur solche Pflanzen, die du sicher bestimmen kannst – denn einige Kräuter haben giftige Doppelgänger! Nimm nicht die ganze Pflanze mit, damit sie weiterwachsen kann. Verarbeite das frische Grün am besten sofort. Alle Sammeltipps:

🌐 *smarticular.net/wildkraeuter-sammeln*

Anti-Mücken-Kerzen kannst du aus Wachsresten, Pflanzenfett und ätherischem Citronella-Öl selber machen, um dir den Aufenthalt im Freien nicht von Mücken vermiesen zu lassen. Für zwei Kerzen werden gebraucht: 2 Schraubgläser, 2 Kerzendochte, 100 g Wachs, 300 g Speisefett und 40 Tr. Citronella-Öl. Öl und Wachs in einem Topf zum Schmelzen bringen. Citronella-Öl hinzugeben und gut verrühren. In Gläser gießen. Fertige Kerzendochte in der Mitte fixieren, z. B. mit einem quer darübergelegten Stäbchen, und die Kerzen aushärten lassen.

Gartenpflanzen lassen sich dank Küchenabfällen mit wertvollen Nährstoffen versorgen, statt teuren Kunstdünger zu verwenden. Kaffeesatz, Tee, Eierschalen und Bananenschalen gehören ins Beet statt in die Tonne.

🌐 *smarticular.net/abfall-duenger*

Woche 21

von   bis

Wochenziel

Nicht vergessen!

Wochenaufgaben

Mo

Di

Mi

Do

Fr

Sa

So

Nutze die Talente, die du hast. Die Wälder wären sehr still,
wenn nur die begabtesten Vögel sängen. (Henry van Dyke)

Die jungen Blätter des Giersch (siehe Wildpflanzenkalender S. 253) sind vitalstoffreich und lassen sich zum Beispiel zu einem köstlichen Giersch-Pesto verarbeiten. Zutaten: 3 Handvoll Giersch, ½ Zwiebel, 3 EL Sesam, ½ TL Salz, 1 EL Bratöl und 40 ml Olivenöl. **Zubereitung:** Giersch im Mixer zerkleinern, Zwiebel würfeln. Sesam in einer Pfanne rösten und zum Giersch geben. Die Zwiebeln in einer Pfanne glasig dünsten. Alle Zutaten im Mixer zu Pesto pürieren.

⊕ *smarticular.net/giersch*

Obst und Gemüse im Backofen haltbar machen: Meist erzeugt das Ofenlicht bereits genug Wärme, um Früchte und andere Pflanzenteile vitaminschonend zu trocknen. Eine eingeschaltete Umluftfunktion und eine leicht geöffnete Backofentür sorgen dafür, dass die Luft zirkulieren und Feuchtigkeit entweichen kann.

⊕ *smarticular.net/doerren-im-backofen*

Ende Mai beginnt die Lindenblütenzeit (siehe Wildpflanzenkalender S. 253), und die zarten Blüten sind fast überall zu finden. Eine Handvoll frisch gesammelter Lindenblüten, mit einem Liter Wasser übergossen und 6–8 Stunden ziehen gelassen, ergibt einen erfrischenden Durstlöscher für warme Tage.

⊕ *smarticular.net/lindenblueten*

Mit einem selbst gemachten Kompostbeschleuniger geht die Umwandlung von Gartenabfällen in Humus schneller. Du brauchst nur drei Zutaten: 1 Würfel Hefe, 500 g Zucker, 1–2 L lauwarmes Wasser. **Zubereitung:** Hefe und Zucker im Wasser auflösen. Die Mischung mindestens eine Stunde lang stehen lassen. Das fertige Gemisch in eine etwa zehn Liter fassende Gießkanne geben, mit Wasser auffüllen und den Inhalt gleichmäßig auf dem Kompost verteilen.

⊕ *smarticular.net/kompostbeschleuniger*

Woche 22

von _____ bis _____

Wochenziel

Wochenaufgaben

Mo

Di

320.000 Kaffeebecher landen stündlich
im Müll — Zeit für einen Mehrwegbecher!

Mi

Do

Fr

Sa

So

Die heilsame Kamille lädt in diesen Wochen zum Sammeln ihrer wertvollen Blüten ein. Sie wirken unter anderem beruhigend, entzündungshemmend und schmerzlindernd. So eignet sich ein Aufguss mit Kamillenblüten als Hilfsmittel bei Verdauungsbeschwerden ebenso wie bei Erkältungskrankheiten und zur Entspannung.

🌐 *smarticular.net/kamille*

Bei geröteter Haut nach dem Sonnenbad helfen frisches Aloe-vera-Gel oder Apfelessig. 100 ml Apfelessig mit 500 ml kaltem Wasser mischen. Ein Tuch darin tränken und auf die betroffenen Stellen auflegen. Die Haut wird gekühlt und der Selbstheilungsprozess unterstützt.

🌐 *smarticular.net/sonnenbrand*

Essbare Blüten erfreuen Auge und Gaumen! Viele blühen sogar im Balkonkasten, zum Beispiel Gänseblümchen, Kapuzinerkresse und Ringelblumen.

Diese Rohkost-Brownies aus nur 4 Zutaten sind köstlich und gesund zugleich: Erforderlich sind 1 ½ Tassen gemahlene Walnüsse, 2 ½ Tassen Datteln ohne Stein, 1 Tasse Mandeln und 1 Tasse Kakaopulver. **Zubereitung:** Datteln in Wasser einweichen, Mandeln hacken. Einweichwasser abgießen und die Datteln mit einem Mixstab zu einem feinen Brei verarbeiten. Mandeln, Walnüsse, und Kakao unterkneten. Zwei Zentimeter dick in eine flache Form streichen und für mindestens eine Stunde kalt stellen.

Mischkultur statt Chemie: Sich gegenseitig unterstützende Pflanzen gemeinsam in ein Beet zu setzen, hilft, Schädlinge und Pflanzenkrankheiten im Garten auch ohne giftige Pflanzenschutzmittel zu vermeiden. Einige Knoblauchzehen, zwischen die Erdbeeren gesetzt, bewahren sie vor Schimmel- und Pilzbefall und halten Fressfeinde fern.

🌐 *smarticular.net/mischkultur*

Wochenziel

Nicht vergessen!

Wochenaufgaben

Mo

Di

Mi

Do

🌿 🍎 🚲 ▯ ☆ ♡ ○

Fr

🌿 🍎 🚲 ▯ ☆ ♡ ○

Sa

🌿 🍎 🚲 ▯ ☆ ♡ ○

Die Natur ist die beste Apotheke. (Sebastian Kneipp)

So

🌿 🍎 🚲 ▯ ☆ ♡ ○

Infused Water ist im Sommer eine köstliche und gesunde Erfrischung – zum Beispiel mit Beeren und frischer Minze. **Zubereitung:** Eine Handvoll Blau- und Himbeeren in ein Glas geben, dazu einige Stängel frischer Minze. Mit Wasser aufgießen, kalt stellen und für mindestens 20 Minuten durchziehen lassen. Mehr Ideen und Rezepte:

🌐 *smarticular.net/infused-water*

Ein sommerlicher Brotaufstrich mit Tomaten und Basilikum bringt Abwechslung auf den Teller. Du brauchst 150 g Frischkäse (oder eine vegane Alternative), 2 Tomaten, 6 getrocknete, in Öl eingelegte Tomatenhälften, einige Basilikumblätter, 1 EL Olivenöl, Salz und Pfeffer. **Zubereitung:** Frische Tomaten fein würfeln, in ein Sieb geben und abtropfen lassen. Getrocknete Tomaten in feine Würfel schneiden. Frischkäse, getrocknete Tomatenwürfel und Basilikumblätter im Mixer fein pürieren. Tomatenwürfel unterheben und mit Salz und Pfeffer abschmecken. Mehr Ideen:

🌐 *smarticular.net/brotaufstrich-sommer*

Um den Kühlschrank zu reinigen, reicht ein Spray aus einem Teil Essig und zwei Teilen Wasser vollkommen aus. Ausräumen, einsprühen, nachwischen – und Keime, Schimmel und Bakterien werden effektiv entfernt. Weitere Tipps für einen sauberen Kühlschrank:

🌐 *smarticular.net/kuehlschrankreiniger*

Woche 24 von   bis

Wochenziel

Nicht vergessen!

Wochenaufgaben

Mo

Di

Mi

Mit gutem Beispiel voranzugehen, ist nicht nur der beste Weg,
andere zu beeinflussen, es ist der einzige. (Albert Schweitzer)

Do

Fr

Sa

So

Ein Tee aus Löwenzahnblättern wirkt entschlackend und sorgt für neue Energie. Für eine Tasse Tee werden ein frisches Blatt oder 2–3 TL getrocknete Blätter benötigt. 10 Minuten zugedeckt ziehen lassen und vor dem Trinken durch ein feines Sieb gießen. (Siehe auch Wildpflanzenkalender S. 253)

Superfoods gibt es auch regional, oft sogar kostenlos! Zum Beispiel Hagebutten, die vielerorts wild wachsen. Sie enthalten weit mehr Vitamin C als Zitrusfrüchte und lassen sich vielfältig verarbeiten. Aber auch Sanddorn, Holunder und Brennnesseln gehören zu den regionalen, supergesunden Alleskönnern.

⊕ smarticular.net/kostenlose-superfoods

Mit einem selbst gemachten Spülmittel mit Schmierseife wird fettiges Geschirr wieder sauber. Du brauchst 200 ml heißes Wasser, 100 g Schmierseife, 6 TL Natron. **Zubereitung:** Wasser aufkochen und vom Herd nehmen. Schmierseife und Natron dazugeben. Die Mischung mit einem Pürierstab etwa eine Minute lang verrühren und abkühlen lassen. **Anwendung:** Spülmittel auf einen feuchten Lappen geben und fettiges Geschirr damit bearbeiten. Mit klarem Wasser abspülen.

Selbst gemachtes Zahnöl ist eine natürliche Alternative zu Zahnpasta. Du brauchst 100 ml Pflanzenöl und 40 g frische Kräuter, zum Beispiel Salbei und Petersilie, aber auch andere Kräuter mit entzündungshemmender und antibakterieller Wirkung sind verwendbar. **Zubereitung:** Kräuter grob hacken, ins Öl geben und im Mixer auf höchster Stufe mixen. In ein sauberes Schraubglas füllen. Kühl gelagert, hält sich das Öl bis zu 6 Wochen. Du kannst das Öl wie herkömmliche Zahnpasta zum Zähneputzen sowie zum Ölziehen verwenden.

von   bis

Wochenziel

Nicht vergessen!

Wochenaufgaben

Mo

Di

Mi

Unkraut nennt man Pflanzen, deren Vorzüge noch
nicht erkannt worden sind. (Ralph Waldo Emerson)

Sommer-Limo selber machen – für einen Krug erfrischendes Gurkenwasser werden benötigt: $\frac{1}{3}$ Salatgurke, Saft einer halben Zitrone, Zucker oder eine Zuckeralternative, 1,5 Liter kaltes Wasser, optional Eiswürfel. **Zubereitung:** Alle Zutaten in einen Mixer geben und für 20–30 Sekunden auf hoher Stufe mixen.

Schmierseife ist ein vielseitiges Hausmittel für den Garten. Zur Herstellung einer Schmierseifen-Spritzlösung gegen Blattläuse brauchst du: 1 L lauwarmes Wasser, 1 EL Schmierseife und 1 TL Neemöl. **Zubereitung:** Schmierseife im Wasser auflösen. Neemöl hinzufügen und alles gut vermischen. **Anwendung:** Die Lösung in eine Sprühflasche füllen und die Pflanzen damit tropfnass einsprühen, auch auf den Blattunterseiten. Mehr Tipps:

🌐 *smarticular.net/schmierseife-im-garten*

Eine gesündere Ketchup-Alternative kannst du leicht selbst herstellen. Du brauchst 80 g Tomatenmark, 1 Msp. Paprikapulver, ½ TL Salz, 2 Datteln, 1 EL Apfelessig, 50 ml Wasser. **Zubereitung:** Alle Zutaten mischen und ½ Stunde stehen lassen. Zu einer cremigen Masse pürieren und möglichst frisch genießen.

Wenn du weder einen Garten noch einen großen Balkon hast, musst du auf **selbst geerntete Früchte** noch lange nicht verzichten. Die Seite mundraub.org hilft dabei, früchtetragende Bäume und Sträucher in Parks und auf anderen öffentlichen Grundstücken zu finden, die für alle nutzbar sind.

Woche 26 von ___ bis ___

Wochenziel

Wochenaufgaben

Mo

Di

Wie würde sich wohl ein Tag oder eine
ganze Woche ohne Smartphone anfühlen?

Mi

Woche 26

Mit selbst gemachtem Mückenspray hältst du Stechmücken ohne bedenkliche Inhaltsstoffe fern. Für 100 ml Mückenspray brauchst du 4 EL Alkohol, 5 Tr. ätherisches Citronella-Öl und 3 Tr. ätherisches Eukalyptus-Öl. Alle Zutaten in eine 100-ml-Sprühflasche füllen und mit abgekochtem Wasser auffüllen. Schon ist das Spray einsatzbereit!

Sport- und Funktionskleidung aus Synthetikfasern nimmt schnell unangenehme Gerüche an. Eine halbe Tasse Tafelessig (5 % Säure) ersetzt das Waschmittel und hilft, geruchsbildende Bakterien aus Textilien zu beseitigen. Mehr Tipps:

⊕ smarticular.net/sportkleidung-waschen

Für jeden Bodenbelag gibt es ein passendes reinigendes Hausmittel. Für unbehandeltes Holz reicht lauwarmes Wasser meist schon aus. Geölte und gewachste Holzböden werden gepflegt mit 2–3 EL Schmierseife pro Liter Putzwasser. Die Schmierseife reinigt sanft und hinterlässt einen Schutzfilm.

⊕ smarticular.net/fussboden-reinigen

Eine intensiv-pflegende Gesichtsmaske für unreine Haut lässt sich einfach selber machen. Benötigte Zutaten: 3 EL Heilerde, 1,5 EL naturtrüben Apfelessig, 1,5 EL Wasser und 2 TL Bio-Sonnenblumenöl. **Zubereitung und Anwendung:** Alle Zutaten zu einer Paste verrühren, bei Bedarf noch ein wenig Essig oder Wasser dazugeben. Die Paste dick auf dem Gesicht verteilen, dabei Augen und Mund großzügig aussparen, und etwa 15 Minuten lang wirken lassen, bis sie anfängt zu bröckeln. Gründlich mit lauwarmem Wasser abwaschen.

Woche 27 von   bis

Wochenziel

Wochenaufgaben

Mo

Di

Mi

Do

Ich habe heute ein paar Blumen nicht gepflückt,
um dir ihr Leben zu schenken. (Christian Morgenstern)

Fr

Sa

So

145

Zero-Waste-Tipp: Kerne der Wassermelone enthalten Vitamine A, B und C, Magnesium, Kalzium, Eisen und ungesättigte Fettsäuren und sind damit eigentlich viel zu schade zum Wegwerfen. Wenn du sie nicht mitessen möchtest, kannst du sie wie Kürbiskerne rösten und als herzhaften Snack genießen oder als Zutat für einen Smoothie verwenden.

🌐 *smarticular.net/melonenkerne*

Schrumpeliges Gemüse lässt sich noch gut verwerten: Schlappe Gurken sind eine perfekte Grundlage für eine erfrischende kalte Gurkensuppe. Du brauchst 1 Salatgurke, 1–2 Knoblauchzehen, 1 Spritzer Zitronensaft, ½ Bund Dill, 100 g Schmand, 3 Eiswürfel, Salz und Pfeffer. **Zubereitung:** Salatgurke waschen und putzen. Drei Viertel grob zerkleinern, ein Viertel fein würfeln und beiseitelegen. Knoblauch schälen, Dill waschen und grob zerkleinern. Alle Zutaten mit Ausnahme der klein gewürfelten Gurke in einem Mixer fein pürieren. Mit Salz und Pfeffer abschmecken. Zum Schluss die Gurkenwürfel dazugeben und frisch servieren.

Wenn du unterwegs einen Zeckenbiss bemerkst und keine Zeckenzange oder -karte dabeihast, können längere Fingernägel nützlich sein, um das Tier herauszuziehen. Mehr hilfreiche Tipps bei Zeckenbissen:

🌐 *smarticular.net/zeckenbiss*

Ein erfrischendes Gesichts- und Körperspray ist eine Wohltat an heißen Tagen. Du brauchst dafür nur 250 ml abgekochtes/destilliertes Wasser und wenige Tropfen ätherische Öle. Zum Beispiel 1–3 Tr. ätherisches Lavendelöl für ein entspannendes Spray oder 3–9 Tr. ätherisches Rosmarinöl für eine anregende Wirkung.

Wochenziel

Nicht vergessen!

Wochenaufgaben

Mo

🍃
🍎
🚲
📖
☆
♡
○

Die beste Zeit, einen Baum zu pflanzen, war vor zwanzig
Jahren. Die nächstbeste Zeit ist jetzt. (Sprichwort aus Uganda)

Di

🍃
🍎
🚲
📖
☆
♡
○

Mi

🍃
🍎
🚲
📖
☆
♡
○

Do

Fr

Sa

So

Ein Miniteich erleichtert Insekten und anderen Wildtieren die Suche nach einer Wasserquelle. Eine flache Schale, die stets mit Wasser gefüllt ist, reicht dafür schon aus. Kleine Steine oder Äste, die teilweise aus dem Wasser ragen, verhindern, dass Insekten darin ertrinken.

Gemüseblätter nicht wegwerfen: probiere doch mal einen Würz-Spinat aus Kohlrabiblättern! Du brauchst Kohlrabiblätter von 4–5 Kohlrabi, 1 Zwiebel, 2 Knoblauchzehen, Olivenöl, Salz und Pfeffer. **Zubereitung:** Kohlrabiblätter waschen, Stiele und dicke Blattadern entfernen und das Grün in Streifen schneiden. Zwiebel fein würfeln, Knoblauch hacken. Zwiebel und Knoblauch in einer Pfanne in Öl anschwitzen. Die Blattstreifen hinzufügen und etwa 20–25 Minuten garen. Mit Salz und Pfeffer abschmecken.

🌐 *smarticular.net/gemueseblaetter*

Statt überreifes oder schrumpeliges Obst wegzuwerfen, lässt es sich noch vielfältig verwerten – zum Beispiel in einem Salat-Dressing mit Himbeeren. Du brauchst 200 g Himbeeren oder andere Beeren, 8 EL Balsamico-Essig, 3 EL Olivenöl sowie Salz, Pfeffer und Honig zum Abschmecken. **Zubereitung:** Beeren, Essig und Öl mit einem Mixstab pürieren und mit Salz, Pfeffer und Honig abschmecken. Mehr Rezeptideen:

🌐 *smarticular.net/ueberreifes-obst*

Greifst du bei Stress gern zu Süßigkeiten oder Knabberzeug? Dann versuche es doch stattdessen mal mit Kürbiskernen oder Mandeln! Sie enthalten Nährstoffe, die der Körper in stressigen Zeiten vermehrt braucht, und helfen, gesund und ohne Nebenwirkungen durch anstrengende Zeiten zu kommen.

🌐 *smarticular.net/nervennahrung*

Woche 29 von bis

Nicht vergessen!

Wochenaufgaben

Mo

Di

Mi

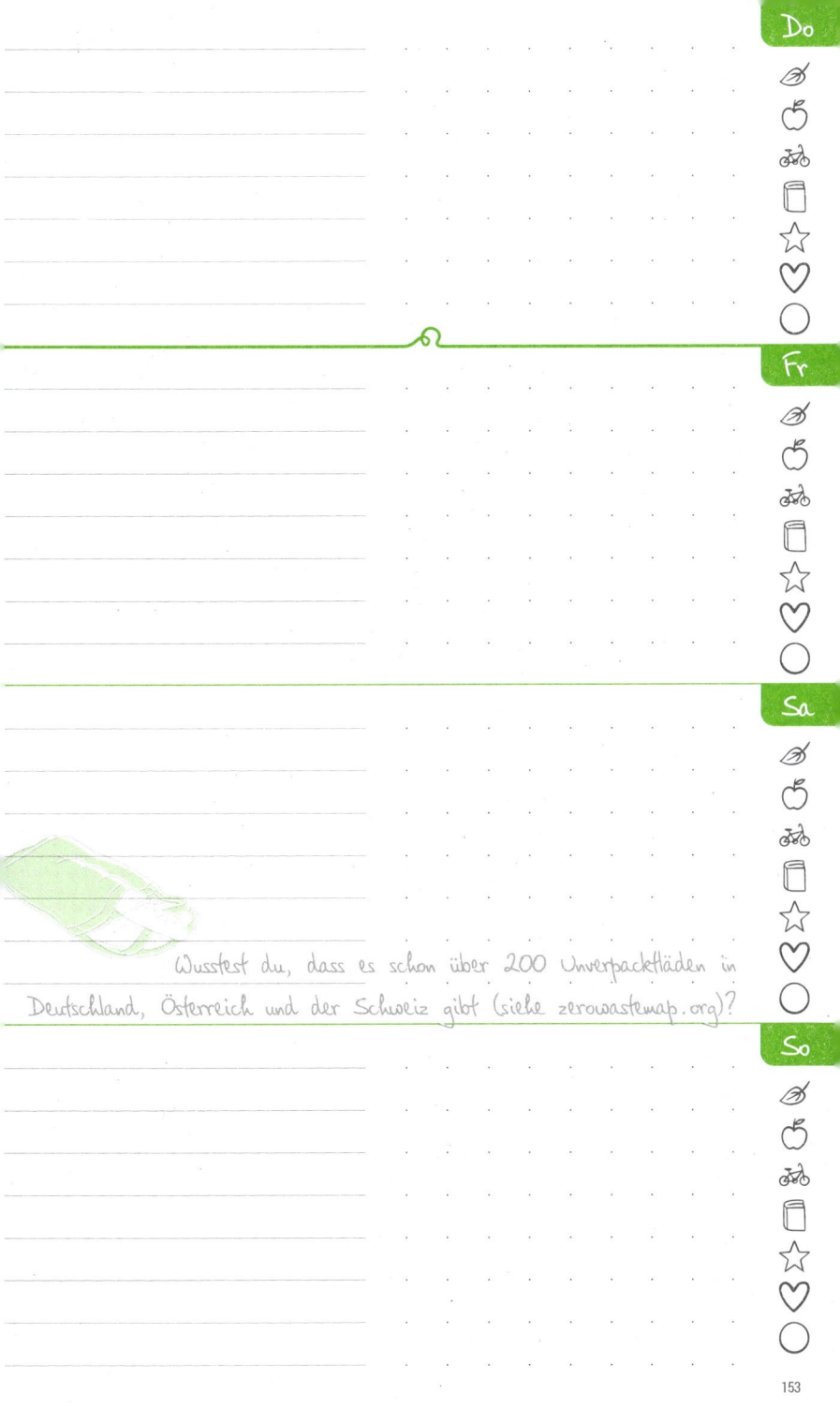

Do
🌿 🍎 🚲 🥫 ☆ ♡ ○

Fr
🌿 🍎 🚲 🥫 ☆ ♡ ○

Sa
🌿 🍎 🚲 🥫 ☆ ♡ ○

Wusstest du, dass es schon über 200 Unverpacktläden in Deutschland, Österreich und der Schweiz gibt (siehe zerowastemap.org)?

So
🌿 🍎 🚲 🥫 ☆ ♡ ○

Um Wespen fernzuhalten, ist keine tödliche Falle nötig. Stattdessen kannst du die Brummer mit Gerüchen – zum Beispiel von Nelken, Zitrone und Lavendel – vertreiben oder in einer Lebendfalle fangen und an einem passenden Ort wieder freilassen.

🌐 *smarticular.net/wespen-lebendfalle*

Selbst gemachte Fruchteiswürfel schlagen jedes Eis am Stiel – zumindest was ihren Gehalt an gesunden Inhaltsstoffen angeht. Einfach deine Lieblingsfrüchte und Kräuter in den Mixer geben, pürieren und in kleinen Eiswürfelformen einfrieren.

🌐 *smarticular.net/fruchteis-wuerfel*

Eine feste Deo-Creme lässt dich auch an heißen Tagen nicht im Stich. Du brauchst 20 g Sheabutter, 20 g feines Natron und 5 g Jojobaöl. **Zubereitung:** Sheabutter in einem Gefäß im Wasserbad schmelzen. Jojobaöl unterrühren. Das Gefäß aus dem Wasserbad nehmen und das Natron einrühren. Noch warm in kleine Schraubgläser oder Cremedöschen füllen. Erkalten lassen und verschließen.

Kaffeesatz nicht wegwerfen: Der vermeintliche Biomüll steckt noch voller wertvoller Inhaltsstoffe, mit denen du Nutz- und Zierpflanzen düngen kannst. Aufgrund des leicht sauren pH-Wertes profitieren vor allem basische Böden von einer regelmäßigen Düngung mit Kaffeesatz. Kalkhaltiges Gießwasser lässt sich durch Zugabe von etwas Kaffeesatz neutralisieren.

🌐 *smarticular.net/kaffeesatz-im-garten*

Nicht vergessen!

Wochenziel

Wochenaufgaben

Mo

Di

Wenn es deinen inneren Frieden kostet, ist es zu teuer.

Mi

Auf Reisen lässt sich eine feste Mundspülung leichter transportieren. Gebraucht werden 1 TL Natron, 3 TL Birkenzucker (Xylit) und 5 Tr. ätherisches Pfefferminzöl. **Zubereitung:** Alle Zutaten gründlich vermischen. **Anwendung:** ½ TL des Pulvers in zwei Finger breit Wasser im Zahnputzbecher auflösen, die Lösung für etwa eine Minute zwischen den Zähnen hin und her ziehen und dann ausspucken.

Frischkäse lässt sich aus Joghurt einfach selber machen. Für ca. 400 g Frischkäse brauchst du 1 kg Joghurt mit 3,8 % Fett, 1 TL Salz sowie Kräuter und Gewürze nach Geschmack. **Zubereitung:** Ein großes Sieb in eine Schüssel hängen und ein Mulltuch hineinlegen. Salz zum Joghurt geben, glatt rühren und in das Tuch geben. Die Ecken des Tuches zusammendrehen, sodass der Joghurt etwas ausgepresst wird. Das zusammengedrehte Tuch mit dem Joghurt zurück in das Sieb legen und mindestens 12 Stunden lang im Kühlschrank abtropfen lassen. Mit Salz, Gewürzen und Kräutern abschmecken.

Blüten und Blätter der Kapuzinerkresse sind essbar, und die Knospen und Samen kannst du zu regionalem Pfefferersatz oder „falschen Kapern" verarbeiten. Als Läusemagnet bewahrt Kapuzinerkresse andere Pflanzen vor einem Befall mit Blattläusen.

🌐 *smarticular.net/kapuzinerkresse*

Ein einfacher Putzplan bringt mehr Ordnung: Statt mit schweißtreibenden Hauruck-Aktionen, die man gern vor sich herschiebt, kannst du mit kurzen, dafür regelmäßig durchgeführten Handgriffen dafür sorgen, dass erst gar nicht das große Chaos ausbricht. Details und Druckvorlage:

🌐 *smarticular.net/putzplan*

Wochenziel
Nicht vergessen!	Wochenaufgaben

Mo

Di

Mi

Do

🍃 🍎 🚲 📖 ☆ ♡ ○

Die Brombeeren werden reif — vielleicht auch in deiner Nähe (siehe S. 253)!

Fr

🍃 🍎 🚲 📖 ☆ ♡ ○

Sa

🍃 🍎 🚲 📖 ☆ ♡ ○

So

🍃 🍎 🚲 📖 ☆ ♡ ○

Gegen entzündliche, juckende Insektenstiche hält die Natur sanfte Heilmittel parat. Honig wirkt entzündungshemmend und lindert den Juckreiz. Einfach etwas Honig auf die Haut auftragen. Spitzwegerich (siehe auch Wildpflanzenkalender S. 253) wächst fast überall und lindert ebenfalls Juckreiz und Schmerzen, wenn du die Blätter zwischen den Fingern zerreibst und den Brei auf den Stich aufträgst.

🌐 *smarticular.net/insektenstiche*

Mit Mandelmus gelingt selbst gemachte Mandelmilch im Handumdrehen. Für ½ Liter brauchst du 500 ml Wasser, 3–4 EL Mandelmus, 1 Prise Salz und 3 TL einer Süße deiner Wahl. **Zubereitung:** Alle Zutaten mixen, kühl stellen und innerhalb von zwei Tagen aufbrauchen.

Heiße Sommernächte können den erholsamen Schlaf erschweren. Wenn du dich mit einem feuchten Bettlaken zudeckst, verschafft dir das langsam verdunstende Wasser eine angenehme Abkühlung. Einfach ein Laken im Waschbecken befeuchten, gut auswringen und ab ins Bett damit.

🌐 *smarticular.net/schlafen-bei-hitze*

Schüttelgurken blitzschnell selber machen: Für eine Portion brauchst du 1 kg Gurken, 50 g Zucker, 70 ml Tafelessig, 4 TL Salz, 3 TL Senfkörner und 1 Zwiebel. **Zubereitung:** Zwiebel fein würfeln. Gurken waschen, eventuell schälen und grob würfeln. Gurkenstücke in Schraubgläser füllen, dabei etwas Platz zum oberen Rand lassen. Alle weiteren Zutaten dazugeben und die Gläser fest verschließen. Gelegentlich schütteln, bis sich Zucker und Salz aufgelöst haben. Die Gurken mindestens zwei Stunden lang oder besser über Nacht durchziehen lassen, zwischendurch mehrmals schütteln.

🌐 *smarticular.net/blitzgurken*

Woche 32 von ___ bis ___

Wochenziel

Nicht vergessen!

Wochenaufgaben

Mo

Die Brennnesselsamen werden reif!

Di

Mi

Zum Ende des Sommers lassen sich die Aromen frischer Kräuter für die kalte Jahreszeit retten – zum Beispiel in einem selbst gemachten Kräuteressig. Du brauchst getrocknete Kräuter und Essig mit 5 % Säure. **Zubereitung:** 2 Tassen Kräuter in ein Glas geben und mit 4 Tassen Essig übergießen. Die Kräuter müssen vollständig bedeckt sein. Das Gefäß verschließen und für mindestens einen Monat kühl und dunkel lagern. Nach Bedarf die benötigte Menge abgießen und das Gefäß mit frischem Essig auffüllen. Kühl und dunkel gelagert, hält sich der Kräuteressig mindestens ein Jahr.

Natron ist ein vielseitiges Hausmittel und lässt sich für umweltfreundliche Reinigungsmittel ebenso verwenden wie für selbst gemachte Kosmetik. Verwandle eine einfache Hautcreme in ein Deodorant, indem du einen Teil feines Natronpulver mit zwei Teilen Hautcreme vermischst.

⊕ *smarticular.net/natron-gesund*

Für einen Frozen Joghurt brauchst du keine Eismaschine – nur ein Gefrierfach, etwas Geduld und folgende Zutaten: 500 g Joghurt, 2–4 EL Bio-Honig oder eine andere Süße. **Zubereitung:** Joghurt in einer großen frostfesten Schüssel cremig rühren. Honig unterrühren. Die Masse für insgesamt 3–5 Stunden in das Gefrierfach stellen, nach der ersten Stunde aus dem Gefrierfach nehmen und kräftig umrühren. Diesen Vorgang etwa alle 30 Minuten wiederholen.

Schütte das Kichererbsenwasser (Aquafaba) nicht weg! Es macht Eintöpfe schön sämig und ergibt aufgeschlagen eine perfekte pflanzliche Eischnee-Alternative.

⊕ *smarticular.net/aquafaba-rezepte*

Wochenziel
Nicht vergessen!	Wochenaufgaben

Mo

Di

Mi

Do

🌱 🍎 🚲 📓 ☆ ♡ ○

Fr

🌱 🍎 🚲 📓 ☆ ♡ ○

Sa

🌱 🍎 🚲 📓 ☆ ♡ ○

Wenn jemand zu dir sagt, das geht nicht,
denke dran, es sind seine Grenzen, nicht deine.

So

🌱 🍎 🚲 📓 ☆ ♡ ○

Ein aromatisches Schütteldressing lässt sich aus Marmeladenresten zaubern. Du brauchst 1 Marmeladenglas mit Resten, 1–2 EL mildem Essig, 3 EL Pflanzenöl, 1–2 EL Wasser, Salz und Pfeffer. **Zubereitung:** Alle Zutaten in das Marmeladenglas füllen, Pfeffer und Salz zunächst sparsam dosieren. Das Glas schütteln, bis sich die Marmeladenreste aufgelöst haben. Mit Salz und Pfeffer abschmecken.

🌐 *smarticular.net/marmeladen-reste*

Gefrorene Bananen sind die perfekte Basis für Nicecream, die du nach Belieben variieren kannst. **Zubereitung:** Einfach 5 gefrorene Bananen (ohne Schale einfrieren) im Mixer zu einer cremigen Masse pürieren. Mit 1 EL Kakao oder 1 Handvoll frischen Früchten kombiniert, schmeckt es gleich noch besser.

Natürliche Heilmittel statt Tabletten für die Hausapotheke: Bei Zahnschmerzen sind zerkaute Gewürznelken eine bewährte Notfallmedizin. Ein Hautöl aus 12 Tr. ätherischem Teebaumöl und 30 ml Pflanzenöl hilft bei diversen Hautleiden wie Sonnenbrand, kleinen Verbrennungen, Akne und mehr. Viele weitere Tipps und Hausmittel:

🌐 *smarticular.net/hausapotheke*

Flüssigseife für den Spender selber machen mit Schmierseife: Du brauchst 100 g Schmierseife, 250 ml Wasser, 7–10 g hautpflegendes Pflanzenöl (z. B. Olivenöl). **Zubereitung:** Wasser aufkochen und vom Herd nehmen. Schmierseife und Öl hineingeben geben und alles mit dem Pürierstab mixen. Wenn sich der entstehende Schaum wieder gesetzt hat, ist die Seife einsatzbereit.

Nicht vergessen!	Wochenziel
	Wochenaufgaben

Mo

Di

Sei du selbst die Veränderung,
die du dir wünschst für diese Welt. (Mahatma Gandhi)

Mi

Fr

Sa

So

Ingwershots ganz einfach selber machen, statt sie teuer zu kaufen. Für 10 bis 12 Shots brauchst du 100 g Bio-Ingwer, 200 ml Zitronensaft, 100 ml naturtrüben Apfelsaft, 50 ml Honig/Agavendicksaft sowie nach Wunsch weitere Gewürze – z.B. 1 TL Zimt, 1 TL Kurkuma und/oder eine Messerspitze Cayennepfeffer. **Zubereitung:** Ingwer schälen und grob würfeln. Alle Zutaten in einem Mixer fein pürieren. In eine Flasche füllen, im Kühlschrank aufbewahren und innerhalb weniger Tage verbrauchen.

⊕ *smarticular.net/ingwershots*

Mehrweg-Kosmetikpads selber machen: Du benötigst Wolle und eine Häkelnadel in Stärke 3–4. Beginne mit einem Ring aus 4–5 Luftmaschen, in den du 12 Stäbchen häkelst. In der zweiten Runde werden 24, in der dritten 36 Stäbchen gehäkelt, optional eine vierte Runde mit 48 Stäbchen. Detaillierte Anleitung:

⊕ *smarticular.net/kosmetikpads-haekeln*

Das Gel der Aloe vera lässt sich von Kopf bis Fuß verwenden, zum Beispiel als natürlicher Make-up-Entferner, als Ersatz für Body-Lotion oder zur Linderung von Insektenstichen. Auf Seite 202 erfährst du, wie man das Gel aus den Blättern gewinnt.

Süß-würzige Kirschsuppe für heiße Tage: Für vier Portionen brauchst du 1 kg Kirschen, 1 Zehe Knoblauch, 3 EL frischem Dill, 3 EL frischem Koriander, Salz und für die Suppeneinlage 100 g Nüsse, 1 Salatgurke, 3–4 Schalotten, einige Zweige Dill und Koriander. **Zubereitung:** Entsteinte Kirschen zusammen mit Knoblauch, Kräutern und Salz pürieren und kalt stellen. Nüsse hacken, Salatgurke fein würfeln, Schalotte in Ringe schneiden. Dill und Koriander grob hacken. Das Kirschpüree aus dem Kühlschrank nehmen und eventuell nachsalzen. Kalt auf Tellern anrichten und mit Nüssen, Gurken, Schalotten und frischen Kräutern garnieren.

Woche 35 von   bis

Nicht vergessen!   Wochenaufgaben

Mo

Di

Mi

176

Bald werden die Sanddornbeeren reif (siehe S. 253)!

Grüner Haushaltstipp: Essig ist ein Allrounder unter den Hausmitteln und ersetzt zahlreiche Drogerieprodukte. Ein Schälchen Essig, über Nacht im Raum aufgestellt, entfernt unangenehme Gerüche. Lauwarmes Essigwasser neutralisiert Knoblauchgeruch auf der Haut. Mehr Essig-Anwendungen:

⊕ *smarticular.net/essig*

Bitter macht gesund! Bitterstoffe regen die Verdauung an, wirken antibakteriell, blutreinigend und leberstärkend. Mehr gesunde Bitterstoffe bringst du mit grünem Blattgemüse, Oliven, Aubergine, Bitterschokolade und zahlreichen Heil- und Wildkräutern in deinen Speiseplan.

⊕ *smarticular.net/bitterstoffe*

Aus Blumenkohlblättern werden schnell knackige, kalorienarme Chips. Benötigte Zutaten: Blätter eines Blumenkohls, 2 EL Pflanzenöl, 1 TL Paprikapulver, 1 TL Chilipulver, Salz und Pfeffer. **Zubereitung:** Öl, Gewürze, Salz und Pfeffer in einer Schüssel zu einer Marinade vermengen. Kohlblätter in Stücke schneiden, in die Marinade tauchen und auf einem mit Backpapier ausgelegten Backblech verteilen. Bei 200 °C (Ober- und Unterhitze) für circa 15–20 Minuten rösten.

⊕ *smarticular.net/gemuesereste-verwerten*

Natürliche Haarpflege mit Küchenzutaten: Strapaziertes Haar bekommt mit einer Haarkur aus 2–3 EL Kokosöl und 1 EL Honig eine Extraportion Pflege. **Zubereitung:** Kokosöl erwärmen, bis es flüssig ist, und mit Honig verrühren. Mit der Mischung Strähne für Strähne bis zu den Spitzen bearbeiten. Die Haarkur mindestens eine Viertelstunde, noch besser über Nacht einziehen lassen. Anschließend ausspülen und waschen.

⊕ *smarticular.net/haarpflege-alternativen*

Wochenziel

Wochenaufgaben

Mo

🖊️
🍎
🚲
📖
☆
♡
○

Di

🖊️
🍎
🚲
📖
☆
♡
○

Mi

🖊️
🍎
🚲
📖
☆
♡
○

Man sollte öfter einen Mutausbruch haben!

Fr

Sa

So

Statt Apfelessig und anderen Fruchtessig zu kaufen, kannst du sie auch ganz einfach selbst herstellen. Du brauchst Bioäpfel oder Apfelreste (Schalen, Kerngehäuse), 2 EL Zucker pro Kilo Äpfel, ein großes keimfreies Glas, ein Küchentuch. **Zubereitung:** Apfelstücke und Zucker ins Glas geben, mit Wasser aufgießen, bis alles bedeckt ist. Mit einem sauberen Tuch abdecken. Ab und zu umrühren oder schwenken, um Schimmelbildung zu vermeiden. Die Früchte beginnen, nach unten zu sinken, und man riecht nach einigen Tagen eine feine Essignote. Jetzt durch ein feines Tuch abgießen und wieder in ein sauberes Glas füllen. Mit einem Tuch abgedeckt für weitere 4–6 Wochen zu Apfelessig vergären lassen. Filtern und in Flaschen füllen.

⊕ smarticular.net/apfelessig

Kürbiskerne lassen sich zu einem köstlichen Snack verarbeiten. Die Kerne von den Kürbisfasern befreien, indem du sie in einer Schüssel mit Wasser knetest. Die schwimmenden Kerne heraussammeln und trocknen lassen. Jetzt kannst du sie mit Schale rösten. Du brauchst 1–2 EL Öl, Gewürze (z. B. Oregano, Thymian, Chilipulver, Paprika, Knoblauch, Salz und Pfeffer). **Zubereitung:** Backofen auf 180 °C vorheizen. Öl und Gewürze vermischen und über die Kürbiskerne verteilen. Die marinierten Kerne auf einem Backblech mit Backpapier verteilen und für 20 bis 25 Minuten im Ofen rösten. Nach 10 Minuten wenden.

Ein Kräutersäckchen oder eine duftenden Naturseife im Kleiderschrank sorgen ohne allergieauslösende Duftstoffe für angenehm riechende Wäsche. Wer möchte, kann sich aus 9 Teilen Alkohol und 1 Teil ätherischer Öle einen Wäscheduft für die Waschmaschine selber machen. Einfach beide Zutaten in ein Schraubglas geben und für 2–3 Tage stehen lassen.

⊕ smarticular.net/waescheduft

Wochenziel

Nicht vergessen!

Wochenaufgaben

Mo

Di

Mi

Do
🌱 🍎 🚲 🥫 ☆ ♡ ○

Jetzt ist eine gute Zeit, um Samen für selbst
gemachte Samenbomben zu sammeln (siehe S. 82)!

Fr
🌱 🍎 🚲 🥫 ☆ ♡ ○

Sa
🌱 🍎 🚲 🥫 ☆ ♡ ○

So
🌱 🍎 🚲 🥫 ☆ ♡ ○

Tee kann man in der Natur sammeln statt ihn zu kaufen. Ein frischer Brennnesseltee schmeckt mild und wirkt blutreinigend sowie blutbildend. Für einen Aufguss werden 1 Handvoll frische Brennnesselblätter mit 1 L heißem Wasser übergossen. Eine Minute ziehen lassen. Mehr kostenlose Tees:

⊕ *smarticular.net/tee-kostenlos*

Hast du schon vom Waldbaden gehört? In Japan wird der Aufenthalt im Wald aufgrund seiner positiven Wirkung auf Körper und Seele sogar therapeutisch verschrieben. Das dominierende Grün hat eine beruhigende Wirkung und wirkt Stress entgegen. Die ätherischen Öle der Bäume stärken die Abwehrkräfte, und der Waldboden belastet die Gelenke weniger als asphaltierte Böden.

⊕ *smarticular.net/waldbaden*

In der Kürbissaison gibt es zahlreiche Sorten zu entdecken! Was viele nicht wissen: Bei allen Speisekürbissen ist die Schale im Prinzip essbar, manchmal aber so hart, dass sie doch lieber entfernt wird. Mehr Zubereitungstipps für verschiedene Kürbissorten:

⊕ *smarticular.net/kuerbis-schale*

Mit einem Fertigpulver für Goldene Milch ist die gesunde Kaffee-Alternative schnell zubereitet. Für circa zehn Kurkuma Latte brauchst du 4 EL Kurkumapulver, 2 EL Ingwerpulver, ½ TL gemahlenen Pfeffer, 2 EL Zimt und 1 Prise Muskatnuss, optional 1 Kardamomkapsel. **Herstellung:** Kardamomkapsel fein zerstoßen. Alle Gewürze in ein Schraubglas füllen, verschließen und schütteln. **Zubereitung:** Für eine Tasse Goldene Milch werden 1–2 gehäufte TL des Kurkuma-Latte-Pulvers mit 2–4 EL heißem Wasser und 1 TL Pflanzenöl zu einer Paste verrührt und in 200 Milliliter aufgeschäumte Milch gegossen.

Woche 38

Nicht vergessen!

Wochenziel

Wochenaufgaben

Mo

Wir denken selten an das, was wir haben,
aber immer an das, was uns fehlt. (Arthur Schopenhauer)

Di

Mi

Do

Fr

Sa

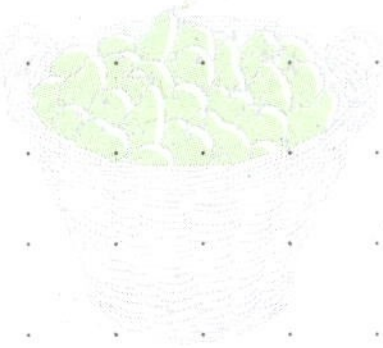

So

Die Rosskastanien werden reif! Mit den glänzend braunen Kugeln kann man viel mehr als nur basteln. Zum Beispiel lässt sich ein **umweltfreundliches Waschmittel aus Kastanien herstellen.** Für eine Waschladung brauchst du 5–8 frische Rosskastanien (siehe auch Wildpflanzenkalender S. 253), Wasser und ein Schraubglas. **Zubereitung:** Kastanien mit einem Messer vierteln, ins Glas geben und mit 300 ml Wasser aufgießen. Nach 8 Stunden haben sich die waschaktiven Substanzen (Saponine) im Wasser gelöst. Das fertige Waschmittel durch ein Sieb ins Waschmittelfach der Waschmaschine gießen und normal waschen. Waschmittel auf Vorrat und weitere Rezepte:

⊕ *smarticular.net/kastanien*

Zwiebeln sind nicht nur aromatisch, sondern auch heilsam: Als entzündungshemmende Auflage sind sie ein wirksames Hausmittel gegen Ohrenschmerzen. **Zubereitung:** Zwiebeln fein würfeln, in ein Stofftuch oder Säckchen geben und auf Körpertemperatur erwärmen. Vor dem Auflegen leicht zusammendrücken, damit der Zwiebelsaft austreten kann. Auf das schmerzende Ohr auflegen, mit einem zweiten Tuch oder einer Mütze fixieren und für 20 Minuten wirken lassen. Mehr gesunde Zwiebel-Tipps:

⊕ *smarticular.net/gesunde-zwiebel*

Barista-Hafermilch mit einem Trick selber machen: 1 L Hafermilch und 1 EL Cashewmus in einen Mixer geben und gründlich mixen. Die fertige Baristamilch aufschäumen und genießen.

⊕ *smarticular.net/barista-hafermilch*

Zero-Waste-Tipp: Bei der Pflanzenmilchherstellung übrig gebliebener Trester kann vielfältig weiterverwendet werden – zum Beispiel als ballaststofffreies Topping für das Müsli, als vitalstoffreiche Gesichtsmaske oder als Peeling.

⊕ *smarticular.net/pflanzenmilch-trester*

Nicht vergessen!	Wochenziel
	Wochenaufgaben

Mo

Di

Mi

Do

🍃 🍎 🚲 ▯ ☆ ♡ ○

Fr

🍃 🍎 🚲 ▯ ☆ ♡ ○

Denke immer daran, dass es nur eine wichtige Zeit gibt: Heute. Hier. Jetzt.

Sa

🍃 🍎 🚲 ▯ ☆ ♡ ○

So

🍃 🍎 🚲 ▯ ☆ ♡ ○

Quark-Öl-Teig-Brötchen ohne lange Gehzeit – für 6 Brötchen brauchst du 500 g Weizen- oder Dinkelmehl, 300 g Magerquark, 10 EL Pflanzenöl, 10 EL Milch, 3–4 TL Backpulver und 1–2 TL Salz. **Zubereitung:** Trockene Zutaten mischen. Quark, Öl und Milch unterrühren und alles zu einem Teig verarbeiten. Wenn er zu trocken ist, noch etwas Öl und Milch dazugeben. Brötchen formen und im vorgeheizten Backofen bei 180 °C (Ober-/Unterhitze) für 20 Minuten backen.

⊕ *smarticular.net/quark-oel-teig-broetchen*

Mit Lavendelblütensirup lässt sich das Lavendelaroma konservieren. Benötigte Zutaten: 30 g frische Lavendelblüten, 500 g Zucker, 500 ml Wasser, ½ Bio-Zitrone in Scheiben, ein feines Sieb oder Tuch sowie Flaschen zum Abfüllen. **Zubereitung:** Zucker und Wasser aufkochen und für 5 Minuten unter ständigem Rühren weiter kochen. Vom Herd nehmen, Lavendelblüten und Zitrone dazugeben. Abgedeckt 24 Stunden lang ziehen lassen. Den fertigen Sirup abseihen und nochmals aufkochen. Heiß abfüllen, die Flaschen verschließen und abkühlen lassen.

⊕ *smarticular.net/lavendel*

Hefe selbst vermehren: Du brauchst ½ Würfel Hefe oder eine Tüte Trockenhefe (7 g), 100 ml Wasser, 100 g helles Mehl und 15 g Zucker. **Zubereitung:** Alle Zutaten in eine große Schüssel geben und gut zu einem Vorteig vermengen. Abgedeckt an einem warmen Ort gehen lassen, bis sich der Teig deutlich vergrößert hat – am besten über Nacht. Den aufgegangenen Vorteig im Kühlschrank aufbewahren und innerhalb weniger Tage verbrauchen oder portionsweise einfrieren.

⊕ *smarticular.net/hefe-vermehren*

Woche 40   von   bis

Nicht vergessen!   Wochenaufgaben

Mo

🌿
🍎
🚲
📓
☆
♡
○

Di

🌿
🍎
🚲
📓
☆
♡
○

Die Zeit der Walnussernte steht bevor (siehe S. 253)!

Mi

🌿
🍎
🚲
📓
☆
♡
○

196

Gemüsewürzpaste statt Gemüsebrühe: Benötigt wird ein Mix aus frischem Gemüse (siehe auch Saisonkalender S. 252), zum Beispiel: 300 g Karotten, 250 g Tomaten, 150 g Paprika, 50 g Champignons, 100 g Sellerie, 50 g Zwiebel, 100 g Frühlingszwiebeln, 2 Knoblauchzehen sowie 200 g Salz pro kg Gemüse, 2–3 EL Kräuter (z. B. Petersilie, Liebstöckel, Majoran, Bohnenkraut und Schnittlauch) und 1 EL Olivenöl. **Zubereitung:** Gemüse waschen, gut abtrocknen, Schadstellen entfernen. Im Mixer pürieren, bis ein feiner Brei entstanden ist. Salz, Kräuter und Olivenöl zugeben und nochmals gründlich mixen. In Gläser füllen und kühl aufbewahren. Bei sauberem Arbeiten hält sich die Würzpaste aufgrund des hohen Salzgehalts bis zu einem Jahr.

Eine Yogi-Teemischung kannst du einfach selber machen. Du brauchst 50 g Ceylon-Zimtstangen, 15 g Kardamomkapseln, 15 g getrockneten Ingwer, 12 g Gewürznelken und 8 g schwarzer Pfeffer. **Zubereitung:** Alle Zutaten in einem Mörser oder in einer Gewürzmühle zerkleinern und die Mischung luftdicht aufbewahren. Für einen leckeren Yogitee wird ein gehäufter TL pro Tasse verwendet.

🌐 *smarticular.net/yogitee*

Thymiansalbe gegen Erkältungssymptome: Du brauchst 100 g Kokosöl und 15 g frischen Thymian. **Zubereitung:** Thymian fein hacken. Kokosöl in einem Glas im Wasserbad verflüssigen. Das Öl auf etwa 35 bis 40 °C abkühlen lassen und den Thymian einrühren. Alles unter gelegentlichem Rühren abkühlen lassen. Sobald die Salbe erstarrt ist, das Glas verschließen und an einem dunklen, warmen Ort für 10–14 Tage ziehen lassen. Nach der Ziehzeit das Glas ohne Deckel erneut im Wasserbad erwärmen, bis sich das Öl verflüssigt hat. Das flüssige Öl abseihen und in ein desinfiziertes Schraubglas füllen.

🌐 *smarticular.net/thymiansalbe*

Woche 41

von   bis

Wochenziel

Nicht vergessen!

Wochenaufgaben

Mo

Di

Mi

Eine Mehrwegflasche ersetzt durchschnittlich 50 Einwegflaschen.

Do

🌿 🍎 🚲 🗑 ☆ ♡ ○

Fr

🌿 🍎 🚲 🗑 ☆ ♡ ○

Sa

🌿 🍎 🚲 🗑 ☆ ♡ ○

So

🌿 🍎 🚲 🗑 ☆ ♡ ○

Statt mit Imprägnierspray kannst du Stoffschuhe mit Wachs imprägnieren. Dazu den Stoff mit Wachs einreiben. Das Wachs mit einem Fön schmelzen und so lange weiterfönen, bis es vollständig vom Stoff aufgenommen wurde.

Zero-Waste-Tipp: Altbackene Brötchen mit einem Backpinsel rundherum mit Wasser einpinseln und im Ofen bei 120 bis 180 °C Grad Ober-/Unterhitze für fünf bis zehn Minuten aufbacken. Mehr Ideen für übrig gebliebenes Brot und Brötchen:

🌐 *smarticular.net/weissbrot-verwerten*

Heilsames, pflegendes Aloe-vera-Gel gewinnen aus der Pflanze: Ein großes Blatt von einer mindestens dreijährigen Pflanze abschneiden. Mit der Schnittfläche nach unten für eine Stunde in ein Glas stellen, damit der reizende, aloinhaltige Saft ablaufen kann.

🌐 *smarticular.net/aloe-vera-gel*

Sesammus (Tahin) kannst du einfach selber machen. Benötigt werden 300 g Sesamkörner und eine Prise Salz. **Zubereitung:** Sesam in einer Pfanne ohne Öl rösten, bis sie duften. Abkühlen lassen und in einen Mixer geben. Auf höchster Stufe für 10–20 Sekunden mixen, dann mehrere Minuten abkühlen lassen und mit einem Teigschaber wieder nach unten schieben. Den Vorgang so oft wiederholen, bis Öl aus den Samen austritt und eine cremige Masse entsteht. Bei einem schwächeren Mixer eventuell 40–60 ml Pflanzenöl für eine schnellere Cremigkeit zufügen. Mit Salz abschmecken.

🌐 *smarticular.net/tahin*

Woche 42 von   bis

Wochenziel

Nicht vergessen!

Wochenaufgaben

Mo

🌿
🍎
🚲
📖
☆
♡
○

Ein neues Leben kannst du nicht anfangen,
aber täglich einen neuen Tag. (Henry David Thoreau)

Di

🌿
🍎
🚲
📖
☆
♡
○

Mi

🌿
🍎
🚲
📖
☆
♡
○

Selbst gemachtes Badesalz statt fertiger Badezusätze: Du brauchst 2 Tassen Meersalz, 2 EL Natron, 1 EL hautpflegendes Pflanzenöl und 15 Tr. ätherisches Öl. **Zubereitung:** Die Hälfte des Meersalzes im Mörser/Mixer zerkleinern. Grobes und feines Salz in einem Schraubglas mischen. Pflanzenöl und ätherisches Öl dazugeben. Kräftig schütteln und über Nacht stehen lassen, dann erst das Natron untermischen. Für ein Vollbad reichen etwa 100 g des Badesalzes.

Vogelbeeren-Marmelade zubereiten (siehe auch Wildpflanzenkalender S. 253): Du brauchst Vogelbeeren (Ebereschenbeeren), Äpfel und Zucker zu gleichen Teilen (in Gramm) sowie etwas Wasser. **Zubereitung:** Vogelbeeren ohne Grün und geschälte, zerkleinerte Äpfel in einem Topf weich kochen. Das Fruchtmus durch ein Sieb streichen. Zucker mit etwas Wasser in einen Topf geben und unter Rühren erhitzen. Sobald der Zucker karamellisiert, das Fruchtmus hinzufügen und die Masse für wenige Minuten köcheln lassen. Die fertige Marmelade heiß in saubere Gläser füllen. Mehr zur Vogelbeere:

🌐 *smarticular.net/vogelbeeren*

Rezept für Hustensaft: Du brauchst Zwiebeln, Zucker und ein Schraubglas. **Zubereitung:** Zwiebeln fein würfeln. Abwechselnd mit Zucker ins Glas schichten. Stehen lassen, bis sich der Zucker verflüssigt hat. Den fertigen Sirup sieben und in eine Flasche füllen. Kühl und dunkel gelagert, hält er sich mehrere Wochen. Bei Husten mehrmals täglich einen Löffel pur oder in Tee einnehmen.

Sauerstoffbleiche ist ein vielseitiges Hausmittel und kann unter anderem zur umweltfreundlichen Desinfektion von Spüllappen und Zahnbürsten sowie zum sanften Aufhellen von Wäsche und Korbmöbeln verwendet werden. Mehr Tipps:

🌐 *smarticular.net/sauerstoffbleiche*

Woche 43

von ___ bis ___

Wochenziel

Wochenaufgaben

Mo

Di

Mi

Do

Fr

Sa

So

Große Dinge beginnen fast immer klitzeklein.

Pflegende Badetabs herstellen: Für 3–4 Tabs werden 45 g Kakaobutter oder Sheabutter, 100 g Natron, 60 g Zitronensäure, 10 g Speisestärke, 10 g Milchpulver, 10–15 Tropfen ätherische Öle sowie optional Lebensmittelfarbe benötigt. **Herstellung:** Kakao- oder Sheabutter im Wasserbad schmelzen. Alle trockenen Zutaten in einer Schüssel mischen. Die geschmolzene Butter in kleinen Portionen dazugeben und kneten. Die Masse soll eine Konsistenz wie Mürbeteig haben. Zum Schluss ätherische Öle einarbeiten, Kugeln formen und einige Stunden aushärten lassen – fertig!

Kalorienarme Kürbischips selber machen: Du brauchst 300 g Speisekürbis, 2 EL Olivenöl, Salz und Pfeffer. **Zubereitung:** Das Kürbisfleisch in etwa 1–2 mm dicke Scheiben schneiden. Ofen auf 250 °C vorheizen. Die Scheiben in eine Schüssel geben, mit Olivenöl benetzen und umrühren oder mit Deckel schütteln. Mit Salz und Pfeffer bestreuen, nach Belieben würzen. Auf einem mit Backpapier ausgelegten Backblech verteilen und für etwa 15 Minuten backen, immer mal wieder testen! Mehr Rezepte:

⊕ *smarticular.net/gemuesechips*

Hafersahne selber machen statt kaufen – Zutaten für ca. 400 Milliliter Hafersahne: 100 g Haferflocken, 600 ml Wasser, 1 EL Pflanzenöl, 1 Prise Salz. **Zubereitung:** Wasser aufkochen zusammen mit den Haferflocken in einen Mixer geben. Fünf Minuten quellen lassen. Restliche Zutaten hinzugeben und die Masse für 2–3 Minuten mixen. Noch einmal für fünf bis zehn Minuten quellen lassen. Durch einen Nussmilchbeutel oder ein Mulltuch filtern und die Reste im Tuch kräftig ausdrücken.

⊕ *smarticular.net/hafersahne*

Wochenziel

Nicht vergessen!

Wochenaufgaben

Mo

🖊
🍎
🚲
▯
☆
♡
○

Di

🖊
🍎
🚲
▯
☆
♡
○

Die meisten Menschen benutzen viel zu viel Waschmittel — probiere doch mal, ob die Wäsche mit der halben Menge auch sauber wird!

Mi

🖊
🍎
🚲
▯
☆
♡
○

Fr

Sa

So

Erkältungsbalsam lässt sich leicht selber machen. Zutaten: 50 ml Pflanzenöl, 5 g Bienenwachs, 4 Tr. Eukalyptusöl und 2 Tr. Pfefferminzöl. **Zubereitung:** Wachs und Öl zusammen im Wasserbad erwärmen, bis sich das Bienenwachs aufgelöst hat. Umrühren und eine Probe auf einen kalten Teller geben. Je nach gewünschter Konsistenz ggf. noch etwas Öl oder Bienenwachs zufügen und erneut testen. Auf Handwärme abkühlen lassen, dabei ab und zu rühren. Ätherische Öle zugeben und nochmals rühren, in saubere Tiegel füllen und beschriften. **Anwendung:** Bei Schnupfen und Husten die Brust mit dem Balsam einreiben oder etwas davon in eine Schale mit kochendem Wasser geben und den Dampf inhalieren. Mehr Tipps und Hinweise für Kinder:

🌐 *smarticular.net/erkaeltungsbalsam*

Mit einer selbst gemachten Schüttellotion pflegst du deine Haut mit minimalem Aufwand. Zutaten für 100 ml Lotion: 60 ml deines Lieblingsöls für die Hautpflege, 40 ml kosmetisches Pflanzenhydrolat oder einfach destilliertes Wasser. **Zubereitung:** Pflanzenöl in eine kleine Sprühflasche geben, Hydrolat hinzufügen und alles kräftig schütteln. Weil sich Öl und Wasser nach einiger Zeit wieder trennen, empfiehlt es sich, die Lotion vor jeder Verwendung kurz zu schütteln.

Natürliche, weihnachtliche Duftessenz selber machen – ganz ohne künstliche Duftstoffe. So geht's: 1 Zitrone in Scheiben schneiden und in ein sauberes Schraubglas geben. 1 Lorbeerblatt, 1 Vanilleschote und 1 TL Nelken dazugeben und mit kochendem Wasser übergießen, bis alles bedeckt ist. Glas verschließen, abkühlen lassen und für eine Woche im Kühlschrank ruhen lassen, anschließend filtern. Die fertige Essenz kann unverdünnt in Duftlampen und Aroma-Diffusern verwendet werden.

🌐 *smarticular.net/weihnachtsduefte*

Woche 45

von   bis

Wochenziel

Nicht vergessen!

Wochenaufgaben

Mo

Di

Mi

216

🍃
🍎
🚲
▢
☆
♡
○

Neue Wege entstehen beim Gehen.

🍃
🍎
🚲
▢
☆
♡
○

🍃
🍎
🚲
▢
☆
♡
○

🍃
🍎
🚲
▢
☆
♡
○

Woche 45

Eine Haarspülung mit Kräuteressig lässt sich an die individuellen Bedürfnisse von Haar und Kopfhaut anpassen – Rosmarin hilft gegen Haarausfall, Lavendel beruhigt irritierte Kopfhaut, Salbei wirkt fettigem Haar entgegen. Du brauchst 1 Handvoll frische oder getrocknete Kräuter und 250 ml Apfelessig. **Zubereitung:** Kräuter in ein Schraubglas füllen und mit Apfelessig aufgießen, sodass alle Pflanzenteile bedeckt sind. Glas verschließen und bei Zimmertemperatur zwei bis drei Wochen lang ziehen lassen, täglich schütteln. Den fertigen Kräuteressig durch ein feines Sieb filtern und in Schraubgläsern oder -flaschen aufbewahren. **Anwendung:** 2 EL des Kräuteressigs mit einem Liter kaltem Wasser mischen und die Haare damit spülen.

⊕ *smarticular.net/kraeuteressig-haarspuelung*

Unangenehme Gerüche verschwinden mit einem selbst gemachten Raumspray. Gebraucht werden 300 ml Wasser, 100 ml Alkohol (ca. 40 % Vol.), 20 g Natron und einige Tropfen ätherisches Öl. **Zubereitung:** Alle Zutaten in eine Sprühflasche geben und schütteln, bis sich das Natron aufgelöst hat. Das fertige Spray in muffigen Räumen in die Luft sprühen. Vor jedem weiteren Gebrauch kurz schütteln.

⊕ *smarticular.net/raumspray*

Dekoratives Geschenkband aus alten T-Shirts: du brauchst dehnbaren Jersey-Stoff und eine Schere. **Herstellung:** Den unteren Saum des T-Shirts abschneiden und den Stoff über die ganze Länge von unten nach oben in etwa 2–3 cm breite Streifen oder Ringe schneiden. Die Streifen jeweils an beiden Enden fassen und in die Länge ziehen. Fertig sind die Geschenkbänder! Mehr Ideen:

⊕ *smarticular.net/tshirt-upcycling*

Woche 46 von   bis

Wochenziel

Nicht vergessen!

Wochenaufgaben

Mo

Di

Mi

Wenn du noch ein Weihnachtsgeschenk
suchst, dann besuche uns: smarticular.net/verlag

Do

Fr

Sa

So

Die Hagebutten werden langsam reif (siehe auch Wildpflanzenkalender S. 253) und können vielerorts wild gesammelt werden. Die charakteristischen roten Früchte enthalten achtmal mehr Vitamin C als Zitronen. Idealerweise werden sie nach den ersten frostigen Nächten geerntet, weil sie dann süßer sind. Du kannst das Fruchtmark roh essen, indem du es einfach mit zwei Fingern durch den Stielansatz herausdrückst. Oder du verarbeitest die Früchte zu Mus, Saft oder Sirup.

⊕ *smarticular.net/hagebutte*

Grüner Haushalt: Um Flüssigwaschmittel selbst herzustellen, brauchst du lediglich 40 g Waschsoda, 30 g fein geriebene Kernseife und 2 L Wasser. **Zubereitung:** Soda und Seife in eine Schüssel geben und mit 2 L kochendem Wasser übergießen. Umrühren, bis sich die Zutaten gelöst haben. Die Mischung für einige Stunden abkühlen lassen, dann noch einmal kräftig rühren (am besten mit einem Mixstab) und das fertige Waschmittel in Flaschen füllen. Ca. 150 ml reichen für eine Wäsche.

⊕ *smarticular.net/fluessigwaschmittel*

Beachte, dass Soda nicht für Wolle und Feines geeignet ist, und verwende dafür lieber das Feinwaschmittel auf Seite 82.

Rezept für veganen Rührkuchen aus Zutaten, die in jeder Küche zu finden sind – du brauchst 2 Tassen Weizenmehl, ½ Tasse Pflanzenöl, 1 Tasse Zucker, 1 Tasse Wasser, 1 TL Natron sowie 6 EL Zitronensaft oder Essig. **Zubereitung:** Mehl, Zucker und Natron in einer Schüssel mischen. Wasser, Öl und Zitronensaft oder Essig dazugeben und alles zu einem Teig verrühren. In eine gefettete Backform geben und bei 180 °C (Ober-/Unterhitze) ca. 45 Minuten lang backen.

⊕ *smarticular.net/kuchen-gelingsicher*

Woche 47 von bis

Wochenziel

Wochenaufgaben

Mo

Di

Mi

Der Charakter offenbart sich nicht an großen Taten. An Kleinigkeiten zeigt sich die Natur des Menschen. (Jean-Jacque Rousseau)

Heilsamer Hustensaft aus Meerrettich – du brauchst 100 g frischen Meerrettich und 200 g Honig. **Zubereitung:** Meerrettich schälen, fein reiben, in ein Schraubglas geben, zusammendrücken und mit der doppelten Menge Honig übergießen. Mindestens 24 Stunden lang stehen lassen, damit sich die Wirkstoffe im Honig lösen. Durch ein Sieb in ein zweites Schraubglas filtern. **Anwendung:** Vorbeugend 1 TL pro Tag einnehmen, bei einer akuten Erkältung dreimal täglich 1 TL.

⊕ *smarticular.net/meerrettich-honig*

Schnelle Plätzchen aus dem Waffeleisen: Wenn's schnell gehen soll, lässt sich Butterplätzchenteig im Waffeleisen backen, statt ihn auszurollen und einzelne Plätzchen auszustechen. Forme aus dem Teig kleine Kugeln und backe sie im heißen Eisen knusprig aus. Mehr Rezepte:

⊕ *smarticular.net/waffeleisen*

Nachhaltiger Weihnachtsbaum statt Wegwerftanne: Besser als die Baumarkt-Tanne sind Bäume aus ökologischem Anbau, ein Baum im Topf, der später ausgepflanzt werden kann, oder ein selbst gebastelter Baum aus Holz, den man jedes Jahr wieder schmücken kann.

⊕ *smarticular.net/weihnachtsbaum*

Mit diesen Lotion-Bars kommt deine Hautpflege ohne unnötigen Müll aus. Gebraucht werden 40 g Kokosöl, 40 g hautpflegendes Pflanzenöl und 20–40 g Bienenwachs. **Zubereitung:** Wachs in einem Glas im Wasserbad schmelzen. Die Öle hinzugeben und verrühren. Die Konsistenz testen, indem du einige Tropfen auf einen kalten Teller gibst. Bei Bedarf noch etwas Wachs oder Pflanzenöl ergänzen. Aus dem Wasserbad nehmen, in bereitgestellte Formen gießen und aushärten lassen. **Anwendung:** Mit den Lotion-Bars nach dem Duschen oder Baden über die noch feuchte Haut streichen.

von   bis

Wochenziel
Nicht vergessen!

Wochenaufgaben

Mo

🍃
🍎
🚲
📖
☆
♡
○

Di

🍃
🍎
🚲
📖
☆
♡
○

Jedes nicht gekaufte T-Shirt spart über 2.400 Liter virtuelles Wasser ein

Mi

🍃
🍎
🚲
📖
☆
♡
○

Do

Fr

Sa

So

Dattelpaste selber machen als gesunde Zucker-alternative: Du brauchst 100 g getrocknete Datteln und etwas Wasser. **Zubereitung:** Datteln entkernen und in einer Schüssel mit Wasser bedecken. Einige Stunden stehen lassen (am besten über Nacht). Das Wasser in eine andere Schüssel abgießen, die Datteln mit einem Mixstab pürieren und das Dattelwasser schluckweise wieder zugeben, bis die Masse eine cremige Konsistenz erreicht hat.

⊕ *smarticular.net/dattelpaste*

Eine plastikfreie Alternative zu Meisenknödeln lässt sich leicht selber machen aus 150 g Vogelfutter und 150 g Schmalz oder Kokosfett. **Zubereitung:** Fett im Wasserbad schmelzen zu der Körnermischung geben. Etwas abkühlen lassen und zu Kugeln formen, dabei ein kleines Stöckchen mit Schnur als Aufhängung einarbeiten. Die Knödel auskühlen lassen und aufhängen. Mehr Ideen:

⊕ *smarticular.net/vogelfutter*

Mit dem richtigen Kräutertee bekommst du viele Wehwehchen schnell wieder in den Griff. Kamille beruhigt den Magen, Ingwer wirkt entzündungshemmend und hilft bei Übelkeit, Lavendel fördert den Schlaf, und Grüner Tee vereint gleich ein ganzes Bündel heilsamer Eigenschaften. Weitere Pflanzen, die du zu einem leckeren und gesunden Tee aufgießen kannst:

⊕ *smarticular.net/der-richtige-tee*

Schützende Handcreme aus zwei Zutaten – du brauchst 60 g Kokosöl und 140 g Sheabutter. **Zubereitung:** Sheabutter in einem Glas im Wasserbad schmelzen. Aus dem Wasserbad nehmen, Kokosöl hinzugeben und alles gründlich verrühren. In Cremedosen/Tiegel füllen, abkühlen lassen und erst dann verschließen. Mehr Rezepte:

⊕ *smarticular.net/handcreme-rezepte*

Wochenziel

Nicht vergessen!	Wochenaufgaben

Mo

🖊
🍎
🚲
🗑
☆
♡
○

Das Geheimnis des Vorwärtskommens besteht darin,
den ersten Schritt zu tun. (Mark Twain)

Di

🖊
🍎
🚲
🗑
☆
♡
○

Mi

🖊
🍎
🚲
🗑
☆
♡
○

🍃
🍎
🚲
🥫
☆
♡
◯

🍃
🍎
🚲
🥫
☆
♡
◯

🍃
🍎
🚲
🥫
☆
♡
◯

🍃
🍎
🚲
🥫
☆
♡
◯

Geschenke verpacken ohne Müll – in einer Falt-schachtel aus Altpapier! Hier geht's zur Schritt-für-Schritt-Anleitung:

🌐 *smarticular.net/geschenkbox*

Kekse von der Rolle sind eine schnellere Alter-native zu Ausstechplätzchen. Benötigt werden 200 g helles Mehl, 125 g Butter, 80 g Zucker, 20 g Speisestärke, ½ TL Natron, ½ TL Zitronensäure und 1 Prise Salz. **Zubereitung:** Butter und Zucker schaumig rühren. Mehl mit Speisestärke, Natron, Zitronensäure und Salz mischen und unter die Butter-Zucker-Mischung rühren. Zu einer Teig-kugel verkneten, halbieren und zu Rollen formen. Die Rollen für mindestens 4 Stunden kühlen, in etwa 1 Zentimeter dicke Scheiben schneiden und die Plätzchen bei 180 °C Ober- und Unterhitze 15–17 Minuten lang backen. Variationsmöglichkeiten:

🌐 *smarticular.net/keksrolle*

Aus Orangenschalen lässt sich ein umwelt-freundlicher Allzweckreiniger herstellen. Ge-braucht werden Schalen von Zitrusfrüchten, farb-loser Tafelessig und ein großes Glas. **Herstellung:** Schalen zerkleinern und dicht in das Gefäß füllen. Mit Essig aufgießen, bis die Schalen vollständig bedeckt sind. Nach Bedarf Essig nachgießen, da die Schalen ihn aufsaugen. Nach 2–3 Wochen die Flüssigkeit sieben und in eine leere Sprühflasche füllen. Einen Schuss Spülmittel dazugeben – fertig!

🌐 *smarticular.net/zitrus-reiniger*

von   bis

Nicht vergessen!

Wochenaufgaben

Mo

Auch aus Steinen, die einem in den Weg gelegt werden,
kann man Schönes bauen. (Johann Wolfgang von Goethe)

Di

Mi

Gebrannte Mandeln selber machen – du brauchst 200 g Mandeln, 100–200 g, Zucker, 50–100 ml Wasser (je nach Zuckermenge), nach Geschmack Zimt oder gemahlene Vanille. **Zubereitung:** Wasser, Zucker und Gewürze in einer Pfanne zum Kochen bringen, dann die Mandeln hinzugeben. Bei mittlerer Hitze köcheln lassen, bis das Wasser verdampft ist. Dabei wird der Zucker flüssig und dunkel, und es bilden sich Karamellfäden. Nach einer Weile wird der Zucker krümelig und legt sich um die Mandeln. Sobald der Zucker an den Mandeln haftet und beginnt, sich wieder zu verflüssigen, die Pfanne vom Herd nehmen und die Mandeln auf einem mit Backpapier oder einer Backpapier-Alternative ausgelegten Backblech verteilen.

Selbst gezogene Sprossen von der Fensterbank liefern im Winter reichlich frische Vitalstoffe. Anstelle eines speziellen Keimgeräts reicht dafür ein Schraubglas, in dessen Deckel du ein paar Löcher bohrst. Die Keimsaat wird gespült, in Wasser eingeweicht und muss je nach Sorte 1–8 Tage keimen, dabei einmal täglich spülen. Details und eine Keimtabelle:

🌐 *smarticular.net/sprossen*

Bananensuppe aus überreifen Bananen: Du brauchst 4 Bananen, 1 Zwiebel, 400 ml Kokosmilch, 400 ml Gemüsebrühe, 1 gest. EL Currypulver, ½ TL Zimt, 1 Handvoll Erdnüsse, einige Zweige Petersilie und 1 EL Pflanzenöl. **Zubereitung:** Zwiebel grob hacken, Bananen in Scheiben schneiden. Öl in einem Topf erhitzen und die Zwiebeln darin glasig dünsten. Bananen, Curry und Zimt zugeben und drei Minuten mitdünsten. Mit Brühe ablöschen, Kokosmilch zugießen und kurz aufkochen lassen. Mit einem Pürierstab fein pürieren und mit Salz und Curry abschmecken. Erdnüsse hacken und in einer Pfanne ohne Öl anrösten. Die Suppe mit gerösteten Erdnüssen und gezupften Petersilienblättern garniert servieren.

von   bis

Wochenziel

Nicht vergessen!

Wochenaufgaben

Mo

Di

Mi

Do

🌿 🍎 🚲 🥫 ☆ ♡ ○

Fr

🌿 🍎 🚲 🥫 ☆ ♡ ○

Sa

🌿 🍎 🚲 🥫 ☆ ♡ ○

Hast du den Ausmist-Trick für deinen Kleiderschrank auf Seite 50 ausprobiert? Überprüfe doch mal, welche Sachen du nicht getragen hast!

So

🌿 🍎 🚲 🥫 ☆ ♡ ○

Eine Backmischung im Glas ist ein originelles und nützliches Mitbringsel. Nimm dafür einfach dein Lieblingsrezept, wiege alle trockenen Zutaten ab und schichte sie in ein Bügelglas oder eine Flasche. Die restlichen Zutaten, die der Beschenkte noch selbst besorgen muss, werden zusammen mit der Backanleitung auf ein Etikett geschrieben. Mehr Ideen:

🌐 *smarticular.net/schnelle-geschenke*

Joghurt lässt sich einfach vermehren, statt ihn zu kaufen. Für 1 kg Joghurt brauchst du 1 L pasteurisierte Milch, 150 ml Naturjoghurt als Starter sowie Bügelgläser oder Schraubgläser. **Zubereitung:** Die Backofentemperatur auf nicht mehr als 40 °C einstellen oder einfach die Beleuchtung anschalten, die meist ausreichend Wärme produziert (mit Thermometer kontrollieren). Milch und Joghurt mischen, auf die Gläser verteilen, verschließen und für zehn bis zwölf Stunden in den Ofen stellen. Mehr Tipps:

🌐 *smarticular.net/naturjoghurt*

Einen Bio-Weihnachtsbaum kannst du nach dem Fest sogar essen! Für einen heilsamen Tannennadel-Sirup benötigst du eine Handvoll Tannen- oder Fichtennadeln und 200 g braunen Zucker. Nadeln mit Wasser bedecken, aufkochen und 20 Minuten köcheln lassen. Den Sud durch ein Sieb gießen, mit der gleichen Menge Zucker vermischen und erneut aufkochen. Noch heiß in saubere Gläser abfüllen. Mehr Tipps:

🌐 *smarticular.net/christbaum-essen*

Mit Furoshiki-Tüchern statt Geschenkpapier werden deine Geschenke auch außen nachhaltig! Hier findest du eine detaillierte Schritt-für-Schritt-Anleitung mit Bildern:

🌐 *smarticular.net/furoshiki*

Woche 52 von   bis

Nicht vergessen!

Wochenaufgaben

Mo

- 🖊
- 🍎
- 🚲
- 📖
- ☆
- ♡
- ○

Di

- 🖊
- 🍎
- 🚲
- 📖
- ☆
- ♡
- ○

Mi

- 🖊
- 🍎
- 🚲
- 📖
- ☆
- ♡
- ○

An Silvester feiert die ganze Welt, dass sich das Datum ändert.
Ich hoffe, irgendwann feiern wir das Datum, an dem sich die Welt ändert.

Kerzenstummel und andere Wachsreste lassen sich noch vielfältig weiter nutzen – zum Beispiel fürs Wachsgießen. Um die Rohlinge für das Silvesterorakel herzustellen, brauchst du Wachs, einen Topf mit heißem Wasser, ein kleines Glas und eine passende Gussform (zum Beispiel eine Pralinenform). **Herstellung:** Wachsreste zerkleinern und in das Glas füllen. Im Wasserbad schmelzen und das Wachs ca. 1 cm hoch in die Gussform füllen. Abkühlen lassen und die Rohlinge aus der Form stürzen. Mehr Ideen für Wachsreste:

⊕ smarticular.net/wachsreste

Die Nadeln eines Bio-Weihnachtsbaums sind zu schade für die Tonne. Koche 100 g Nadeln in Wasser auf, gieße den Sud durch ein Sieb, und du erhältst einen heilsamen Badezusatz.

Werbeprospekte kannst du sinnvoll weiternutzen, statt sie ungelesen zu entsorgen – zum Beispiel als kostenloses Geschenkpapier, für selbst gemachte Briefumschläge oder zusammen mit einer leeren Klorolle als preiswerten Kaminanzünder. Einfach die Klorolle mit zerknüllten Prospekten ausstopfen. Wenn du zwischen die Schichten etwas Wachs träufelst, funktionieren die Anzünder noch besser.

⊕ smarticular.net/upcycling-zeitungen

An Silvester auf Böller und Raketen zu verzichten, kommt der Umwelt und der Gesundheit zugute. Wer die Geister des alten Jahres mit ordentlich Krach vertreiben möchte, kann stattdessen zu lauten Musikinstrumenten oder Töpfen und Kochlöffeln greifen. Mehr Tipps für ein nachhaltiges Silvester:

⊕ smarticular.net/silvester

Woche 53

Nicht vergessen!

Wochenziel

Wochenaufgaben

Mo

Di

Mi

Do

Fr

Lebe deinen Traum, statt nur vom Leben zu träumen.

Sa

So

Zero-Waste-Tipp: Alte Gewürze, die ihr Aroma verloren haben, sind noch lange kein Fall für die Tonne. Du kannst sie zum Beispiel als Alternative zu Lebensmittelfarbe oder zum Räuchern verwenden. Mehr Ideen und Tipps, wie Gewürze und Kräuter länger frisch bleiben:

⊕ *smarticular.net/gewuerze-abgelaufen*

Aus einem Öko-Weihnachtsbaum kann man noch viele nützliche Dinge basteln, zum Beispiel Kleiderhaken, praktische Küchenquirle oder schöne Holzknöpfe! Detaillierte Anleitungen findest du hier:

⊕ *smarticular.net/tannenbaum-verwerten*

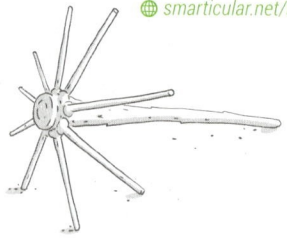

Gute Vorsätze fürs neue Jahr zu formulieren, ist ein schöner Brauch. Sie auch zu halten, fällt da schon schwerer. Statt dir eine Mammutaufgabe zu stellen, kann eine kleine Veränderung schon Wunder bewirken. Nimm dir zum Beispiel vor, jeden Morgen 5 Dinge zu notieren, für die du dankbar bist. Wahrscheinlich wirst du schon nach kurzer Zeit viel positiver durchs Leben gehen. Mehr Tipps:

⊕ *smarticular.net/neujahrsvorsaetze*

Weinsalz selber machen aus Weinresten: Dafür so viel Wein zum Salz geben, dass es gerade so bedeckt ist. Kurz stehen lassen, dann die überschüssige Flüssigkeit abgießen. Das mit Wein vollgesogene Salz auf einem Backblech ausbreiten und bei 50 °C Ober-/Unterhitze im Backofen für zwei bis drei Stunden trocknen lassen.

⊕ *smarticular.net/weinreste*

Saisonkalender

Anbau, Ernte und Einkauf

	Jan	Feb	Mrz	Apr	Mai	Jun	Jul	Aug	Sep	Okt	Nov	Dez
Spinat												
Rotkohl												
Lauch/Porree												
Feldsalat												
Erdbeeren (S. 110, 126)												
Karotten/Möhren (S. 94, 198)												
Weißkohl												
Rhabarber												
Radieschen												
Fenchel												
Salatgurke (S. 138, 146, 174)												
Blumenkohl (S. 178)												
Tomaten (S. 62, 66, 94, 130, 138, 198)												
Brokkoli												
Pastinaken												
Knollesellerie (S. 198)												
Kohlrabi (S. 66, 150)												
Rucola												
Kopfsalat												
Zwiebeln (S. 122, 150, 162, 190, 198, 206, 238)												
Aubergine (S. 62, 178)												
Wirsing												
Spargel												
Rosenkohl												
Zucchini												
Kartoffeln (S. 102)												
Rote Bete												
Kürbis (S. 150, 182, 186, 210)												
Grünkohl (S. 46, 58)												
Champignons (S. 198)												

Aussaat unter Glas — Aussaat/Pflanzung ins Freiland — Ernte — Lagerware

Wildpflanzenkalender

äume, Sträucher, Kräuter	Jan	Feb	Mrz	Apr	Mai	Jun	Jul	Aug	Sep	Okt	Nov	Dez
Gänseblümchen (S. 114, 126)												
Gundermann (S. 54)												
Hagebutte (S. 134, 222)												
Knoblauchsrauke												
Löwenzahn (S. 54)												
Spitzwegerich (S. 82, 162)												
Taubnessel												
Vogelmiere (S. 54)												
Haselnuss												
Bärlauch (S. 78, 82, 86)												
Brennnessel (S. 74, 106, 118, 134)												
Felsenbirne												
Giersch (S. 106, 122)												
Himbeere (S. 130)												
Hopfen												
Schlehe												
Waldmeister												
Brombeere												
Holunder (S. 82, 114, 134)												
Linde (S. 82, 122)												
Weißdorn												
Walnuss (S. 126)												
Maulbeere												
Heidelbeere												
Eberesche												
Mirabelle												
Kornelkirsche												
Sanddorn (S. 134)												
Edelkastanie												
Mispel												

Blüten — Blätter — Früchte — Wurzeln

Geschenkideen

Für wen	Was

Bücher, die ich lesen möchte

Titel/Autor/ISBN

Orte, die ich besuchen möchte

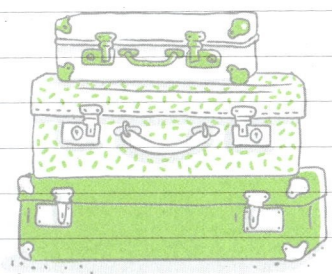

Belohnungen für mich

Das möchte ich mir gönnen

Mehr Infos, Anleitungen und Materialien zum Download: 🌐 *gruenerfaden.net*

Karte für nachhaltigen Konsum: 🌐 *zerowastemap.org*
Wildpflanzen-Sammelkalender: 🌐 *kostbarenatur.net/sammelkalender*
Das Ideenportal für ein einfaches und nachhaltiges Leben: 🌐 *smarticular.net*
Mehr Bücher von smarticular: 🌐 *smarticular.net/verlag*

Herausgeber: smarticular Verlag

ISBN Grüner Faden	978-3-946658-15-3
ISBN Grüner Faden (Wald)	978-3-946658-19-1
ISBN Grüner Faden (Ozean)	978-3-946658-20-7
ISBN Grüner Faden (Sonne)	978-3-946658-21-4
ISBN Grüner Faden (Morgentau)	978-3-946658-22-1
ISBN Grüner Faden (Beere)	978-3-946658-23-8
ISBN Grüner Faden (Erde)	978-3-946658-24-5
ISBN Grüner Faden (Provence)	978-3-946658-25-2

smarticular Verlag ist ein Imprint der Business Hub Berlin UG (haftungsbeschränkt)
© 2018 Business Hub Berlin UG (haftungsbeschränkt), Berlin
2. Ausgabe © 2020 Business Hub Berlin UG (haftungsbeschränkt), Berlin
smarticular® ist eine Marke der Business Hub Berlin UG (haftungsbeschränkt)

Illustration: Annika Huskamp

Unserer Umwelt zuliebe wurde dieses Buch auf umweltfreundlichem Recyclingpapier gedruckt, ausgezeichnet mit dem FSC®-Zertifikat für Papier aus Recyclingmaterial, dem Blauen Engel und dem EU-Ecolabel.

Gedruckt und gebunden in Deutschland
2111

MIX
Papier aus verantwortungsvollen Quellen
FSC® C083411

Platz für dich

Ideenparkplatz

Hier kannst Du
alles Kleinteilige
verstauen, was sonst
keinen Platz in deinem
Grünen Faden findet.